Wintergärten
planen und bauen

Hans-Werner Bastian

Wintergärten planen und bauen

FALKEN

Inhalt

Schritt für Schritt den Wintergarten planen

Worauf müssen Sie grundsätzlich achten?

Wer einen Wintergarten besitzt, ist fein raus – im wahrsten Sinne des Wortes. Denn er kann zu jeder Jahreszeit mit nur einem Schritt aus seinen gewohnten vier Wänden in ein Paradies hineintreten: allseitig vom Sonnenlicht durchflutet, auf Wohlfühltemperaturen erwärmt und vielleicht sogar von einer blühenden und duftenden Pflanzenpracht erfüllt. Kein Wunder also, dass sich immer mehr Menschen dazu entschließen, einen Wintergarten zu errichten. Pro Jahr werden etwa 55.000 neue Glasanbauten fertig gestellt – Tendenz steigend, vor allem bei Neubauten.

Maßgeschneiderter Glasanbau

Die Nutzungsvielfalt, die ein solcher Glasraum bietet, ist groß. Allerdings müssen Konstruktion und Ausstattung genau auf den individuellen Verwendungszweck zugeschnitten sein. Mit hoch wärmedämmender Verglasung bestückt, wird ein Wintergarten seinem Namen in der kalten Jahreszeit am

ehesten gerecht. Möchten die Bewohner den gläsernen Anbau hauptsächlich im Sommer nutzen oder dort nur ihre Pflanzen dekorativ unterstellen, sinken der bauliche Aufwand und die Kosten. In Wintergärten lässt sich im Übrigen

Ob als Wohnraum oder „Grüne Hölle" konzipiert, ob aus Holz oder Aluminium gefertigt – die Gestaltungs- und Nutzungsmöglichkeiten eines Glasanbaus sind vielfältig

nicht nur gemütlich beisammen sitzen, sondern auch arbeiten.

Der klassische Wintergarten grenzt an ein Ein- oder Mehrfamilienhaus und erweitert den Wohnraum in Richtung Garten. Andere bauliche Varianten sind deswegen nicht minder attraktiv. So muss der Glasanbau keinesfalls ebenerdig liegen. Auch Flachdachanbauten oder Garagen bieten ein gutes Fundament für eine gläserne Aufstockung. Auf Balkone oder Loggien lässt sich ebenfalls Wintergarten-Atmosphäre zaubern.

Wie Sie die beste Lage finden

Zur richtigen Planung eines Glasanbaus gehört die Frage nach der Ausrichtung. Als bevorzugte Himmelsrichtung für den Wintergarten

Es muss nicht immer Südlage sein: Arbeiten lässt es sich gut auf der Nordseite, die Westseite ist für Pflanzenfreunde ideal, im Osten gibt's schon zum Frühstück Sonne

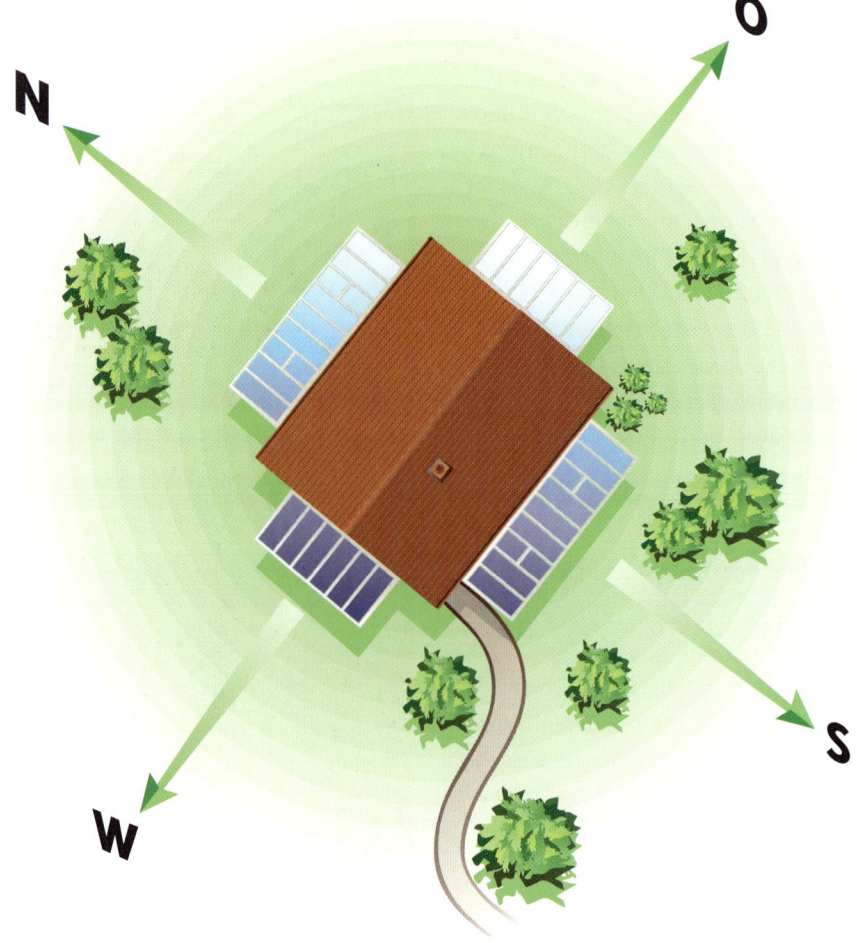

geben Bauherren häufig die Südseite an. Dort ist die Sonneneinstrahlung über das ganze Jahr hinweg am intensivsten. Die angestaute Wärme kann in offen angegliederte Wohnbereiche vordringen. Die geballte Kraft der Sonne macht jedoch ein ausgefeiltes Lüftungs- und Beschattungssystem erforderlich.

Ein Glasanbau in Nordlage wirkt als Klimapuffer zwischen Wohn- und Außenbereich. Während es im Sommer hier angenehm warm wird, reichen die Temperaturen im Winter für einen längeren Aufenthalt (ohne Zusatzheizung) nicht aus. Ein westorientierter Wintergarten hält einen sonnigen Platz für den Feierabend bereit. Pflanzen fühlen sich hier recht wohl, müssen aber vor Verbrennungen geschützt werden. Die Ostlage gilt als „Frühstücksseite". Morgens bietet der Glasanbau bereits angenehme Wärme. Da die starke Sonneinstrahlung fehlt, droht kaum Überhitzung.

Alles genau aufeinander abstimmen

Wer den Wintergarten zu allen Jahreszeiten nutzen möchte, wird um einige Hilfsmaßnahmen nicht herumkommen. Dazu gehört neben der Beschattung durch Jalousien oder Markisen auch die Lüftung, die nach verschiedenen Mechanis

men funktionieren kann. Wenn in den kalten Jahreszeiten die Sonneneinstrahlung zu schwach ist, muss die Heizung aktiviert werden. Pfeift allerdings der Wind durch die Ritzen einer mangelhaften Konstruktion, oder lässt die Wärmedämmung zu wünschen übrig, nützt auch das Heizen wenig.

Ob es um die Art der Tragekonstruktion, die Wahl der Profile oder der Verglasung geht – jedes Detail sollte bei der Planung vorab gut bedacht sein. Sonst fällt der Traum vom Wintergarten später wie ein Kartenhaus zusammen.

Lüftung durch Dachfenster (links) führt überflüssige Wärme ab, Beschattung (unten) verhindert Hitzestau an heißen Tagen

Welcher Wintergarten passt zu Ihnen?

Der Blick in einen Wintergartenkatalog macht eines sofort deutlich: Die Zeit der einfachen Glasanbauten ist vorbei. Ob mit Polygon- oder Flachdach, ein- oder zweigeschossig, an das Kernhaus angeschmiegt oder in

die Natur hineingebaut – bei der Suche nach der richtigen Form für den eigenen Wintergarten haben Sie die Qual der Wahl. Doch nicht jeder Wintergartentyp passt zu Ihrem Haus. Tragkonstruktion und Hausfassade sollten unbedingt optisch harmonieren. Das Gleiche gilt für die Farben der Profile.

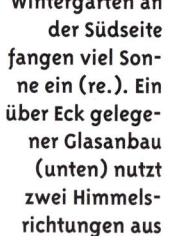

Wintergärten an der Südseite fangen viel Sonne ein (re.). Ein über Eck gelegener Glasanbau (unten) nutzt zwei Himmelsrichtungen aus

Die Gestaltung dem Haustyp anpassen

Harmonie ist gefragt. Doch manchmal wirken auch Kontraste besonders attraktiv. Wer einen Altbau umbaut oder erweitert, kann dem Gebäude mit einem modernen Glasanbau beispielsweise ein völlig neues Gesicht verleihen.

Beachten Sie bei der Wintergartenplanung die Neigung des Hausdaches. Es macht sich optisch besser, wenn dieser Winkel bei der Dachverglasung wieder aufgegriffen wird. Vor zu flachen Dachkonstruktionen bei Glasanbauten ist ohnehin zu warnen. Der Neigungswinkel sollte mindestens 10 Grad betragen, damit das Regenwasser gut abfließen kann. Auf der siche-

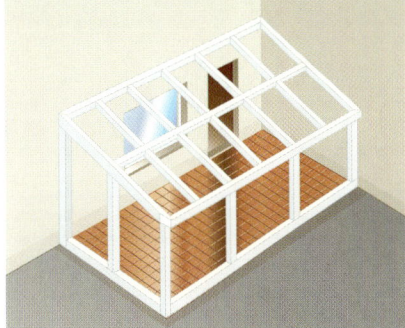

ren Seite sind Sie mit einem Neigungswinkel von mindestens
20 Grad.

Bei niedrigem Sonnenstand im
Winter fängt ein Wintergarten mit
relativ steilem Glasdach übrigens
noch eine gute Portion Sonnenenergie mehr ein.

Die optimale Form des Wintergartens hängt nicht zuletzt von
der geplanten Nutzung und den
finanziellen Möglichkeiten ab. Je
aufwendiger Konstruktion und
Gestaltung, desto teurer wird das
Bauvorhaben.

Liegt der Wintergarten zur
Straße hin, hält er gleichzeitig
störenden Schall von den dahinter
liegenden Wohnbereichen fern.

**Der Grundriss
eines typischen
Glasanbaus auf
der vorhande-
nen Terrasse**

**Der eingeschos-
sige Glasanbau
mit Pultdach ist
ein klassischer
Wintergarten
(li.)**

**Ein über Eck an-
gesetzter Win-
tergarten ist von
der Konstruktion
her schwieriger
zu errichten,
fängt aber mehr
Sonne ein**

Solararchitektur, bei der der Wintergarten als Sonnenfalle das ganze Haus mit beheizt (oben)

Rechts zwei weitere klassische Formen für Glasanbauten

Der Lärmschutz ist umso besser, je dicker und schwerer die Konstruktion ist. Schallschutzverglasung hat besonders dicke Scheiben.

Soll ein Wintergarten von mehreren Zimmern aus zugänglich sein, muss seine Grundfläche ausreichend groß angelegt werden, da sonst der gesamte Raum für die „Verkehrswege" verbraucht wird.

Als Faustregel gilt: Für einen Sitzplatz für vier Personen sollten Sie eine Grundfläche von mindestens 2 x 2,50 Metern veranschlagen. Ein klassischer Wohn-Wintergarten, der nicht offen in das Haupthaus übergeht, benötigt eine Grundfläche von rund 15 Quadratmetern. Als minimale Raumtiefe empfiehlt sich ein Wert von 2,50 Metern. Für jedes Sofa und jeden Pflanzenkübel mit weit ausladendem Bewuchs sollten Sie von vornherein Stellfläche mit einkalkulieren.

Ist der Wintergarten über zwei Geschosse angelegt, können Sie eine Galerie einplanen. So gewinnen Sie nicht nur Platz, sondern schaffen auch einen exklusiven Ruhebereich. In den kühleren Übergangszeiten werden Sie dort nicht so schnell kalte Füße bekommen. Die warme Luft des Glasanbaus steigt nämlich nach oben.

Baurechtliche Fragen rechtzeitig klären

Bei der konkreten Planung helfen die Anbieter von Wintergärten gern weiter. Vor einem schnellen Vertragsabschluss („Superangebot") ist allerdings zu warnen. Ein Fachberater sollte sich auf jeden Fall vorab das Grundstück und das Wohngebäude angesehen haben. Ein Preisvergleich zwischen verschiedenen Anbietern ist Pflicht.

Wenn Sie Ihren Wintergarten selbst errichten möchten, sollten Sie am besten einen Bausatz erwerben. Wichtig ist ein Ablaufplan für die Montage. Geben Sie einzelne Gewerke (z.B. Bau des Fundaments) ab, muss genau festgehalten sein, wo die Leistungen des Bauherrn beginnen und aufhören.

Wenn die Planung für Ihren Glasanbau konkrete Formen annimmt, sollten Sie zunächst die zuständige Baubehörde kontaktieren. Ein an das Wohngebäude angebauter Wintergarten, der bewohnt werden soll, bedarf nämlich einer Baugenehmigung. Ihr liegen die Bauvorschriften von Bund, Ländern und Gemeinden zugrunde. Sie müssen sich auf Vorgaben zur Größe, Gestaltung, Materialwahl, Dachneigung oder zu den Baugrenzen einstellen.

Die erforderliche Baugenehmigung erhalten Sie über einen Bauantrag. Dieser muss von einer vorlageberechtigten Person (z.B. Architekt oder Bauingenieur) eingereicht werden. Gefordert sind zumeist ein Flurkartenausschnitt, Bauzeichnungen, eine Baubeschreibung sowie Nachweise über Standsicherheit (Statik) und Wärmeschutz.

Bevor Ihre Planung ins Detail geht, sollten Sie vorab die örtliche Baubehörde nach den einschlägigen Vorschriften für den Bau von Wintergärten fragen

Ein Fall für den Profi-Wintergartenbauer

Spätestens dann, wenn der geplante Wintergarten eine gewisse Größe überschreitet oder ihm ein überdurchschnittliches Maß an architektonischer Raffinesse eigen istt, wird es für die meisten Do-it-yourselfer zu schwierig. Da heißt es dann entweder in der Gestaltung „abspecken" oder das ganze Vorhaben in die Hände von Profis legen. Wintergartenbauer gibt es genug. Wer nach einem persönlichen Informationsgespräch grundsätzlich einen guten Eindruck von den Leistungen des Anbieters gewonnen hat, sollte sich nicht scheuen, nach Referenzbauten zu fragen. Im Gespräch mit einem ehemaligen Bauherrn lassen sich wertvolle Informationen einholen.

Fängt einfach an, wird aber schnell kompliziert: Das Traggerüst des zweigeschossigen Wintergartens besteht aus Aluminiumprofilen

Riesige Glasfelder im Dachbereich

Den hier gezeigten Wintergarten können nur Profis planen und aufbauen. Der Heimwerker wäre absolut überfordert. Eine Besonderheit der Konstruktion sind die großen Dachfelder, die im Werk bereits verglast und dann montagefertig angeliefert werden.

Ein spezielles Verglasungssystem macht es möglich, Isolierglasscheiben bis zu einer Länge von vier Metern herzustellen. Damit entfallen die meist störenden und als Schmutzfänger geltenden Querpfetten. Die Montage der gewaltigen Elemente ist nur mit Hilfe eines Krans möglich.

Die Dachfelder können übrigens als Klapplüftungsflügel ausgebildet werden. Hierbei fließt die verbrauchte und warme Luft oben und beidseitig über die gesamte Tiefe ins Freie.

Alle zu verschraubenden Elemente sind werkseitig vorgebohrt, sodass die Montage passgenau erfolgen kann. Der Zusammenbau der Rahmenelemente erfolgt über ein spezielles Verschraubungs- und Einstecksystem. Bei der Dachkonstruktion kommen Zwillings-Sparren zum Einsatz, deren Profile aus Aluminium bestehen.

Die Seitenflügel und Dachfelder werden fertig verglast angeliefert. Mit der Montage der bis zu vier Meter langen Elemente dürfte auch ein versierter Heimwerker überfordert sein

Der fertige Glasanbau erreicht fast die Höhe des Hauses

Wintergärten für den Heimwerker

Eines sollte auch dem engagiertesten Heimwerker klar sein: Einen Hightech-Wintergarten mit riesigen Glasflächen, von Wand zu Wand reichenden Schiebetüren sowie aufwendiger Belüftungs- und Schattierungs-

Wer einen hochwertigen Bausatz-Wintergarten in Eigenleistung errichtet, kann Geld sparen und ist – was Qualität und Funktionsfähigkeit angeht – auf der sicheren Seite

technik kann man nicht selbst errichten. Generell gilt die Aussage: Je individueller, je größer und je aufwendiger ein Wintergarten konzipiert ist, desto mehr ist der Do-it-yourselfer damit überfordert.

Auch von Eigenkonstruktionen sollte man in der Regel lieber die Finger lassen. Es gibt so viele potentielle Fehlerquellen, dass ein selbst gebautes Glashaus unter Umständen mehr Ärger als Freude bereitet.

Dennoch kann der Heimwerker risikolos Eigenleistung einbringen und damit auch Geld sparen. Renommierte Anbieter präsentieren eine vielfältige Auswahl an Wintergarten-Bausätzen, die sich an fast alle Gegebenheiten anpassen lassen.

Das Tragegerüst besteht bei diesen Produkten meist aus Holz. Die vorgefertigten Teile werden vor Ort nur noch zusammengeschraubt. Aufgrund der Größe und des Gewichtes der Einzelteile sollten zwei bis drei Personen für die Montagearbeiten zur Verfügung stehen.

Wie viel die Eigenleistung einbringt, können Sie leicht errechnen, wenn Sie sich den Preis für die schlüsselfertige Variante Ihres Bausatz-Wintergartens ansehen. Da sind leicht ein paar tausend Mark eingespart, die dann einer hochwertigeren Ausstattung zugute kommen können.

Glauben Sie aber nicht voreilig jeder Anbieteraussage, dass der Selbstbau-Wintergarten generell preiswerter ist als die schlüsselfertige Ausführung. Holen Sie auf jeden Fall auch Angebote für vergleichbare vom Profi errichtete Wintergärten ein. Vielleicht ergibt sich dann, dass Sie mehr sparen, wenn Sie sich auf Fundamentarbeiten und den anschließenden Innenausbau konzentrieren.

Mindestens zwei, besser drei Personen sollten für die Montage der vorgefertigten Teile zur Verfügung stehen

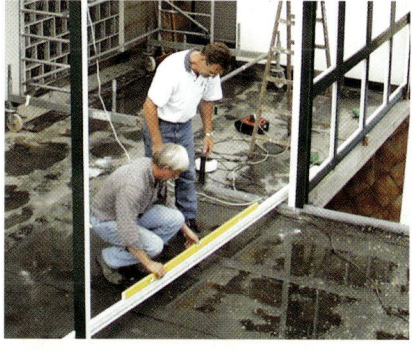

Je nach Größe müssen Sie zwei bis vier Montagetage einkalkulieren, bis der Selbstbau-Wintergarten bezugsfertig ist

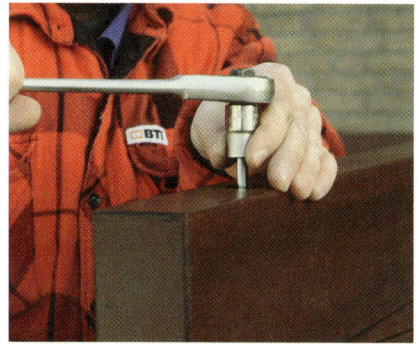

Die vorgefertigten Teile eines Bausatzes werden aufgerichtet (li.) und nach Plan miteinander verschraubt (re.)

Vor allem das Auflegen eines Glasdachs erfordert mindestens drei Personen (li.).
Sobald die Montage abgeschlossen ist (re.) können Sie an den Innenausbau gehen

2

Die Baumaterialien richtig auswählen

Verschiedene Tragekonstruktionen im Vergleich

Die Tragekonstruktion nimmt die Lasten des Glasanbaus auf und leitet sie in die Fundamente ab. Bewältigt werden müssen Wind- und Schneelasten, das Eigengewicht der Profile und nicht zuletzt das erhebliche Gewicht der Glasscheiben.

Das ganze System ist im Laufe seiner Nutzung enormen klimatischen Belastungen ausgesetzt. Dazu zählen etwa die Temperaturdifferenzen zwischen innen und außen. Die Glashaut kann sich bei starker Sonneneinstrahlung auf 70 °C erwärmen, im Winter muss sie mitunter minus 25 °C aushalten. Auch Witterungseinflüsse wie Frost, Regen und Hagel greifen im Laufe der Zeit die Substanz des gläsernen Anbaus an.

Alle Materialien müssen exakt aufeinander abgestimmt sein. Der Statiker berechnet die Spannweiten und Dimensionen der Profile. Bei großen Wintergärten gibt es häufig neben dem tragenden Gerüst nicht tragende Profile für Verglasungen. Für die Tragekonstruktion eignen sich Holz, Aluminium und Kunststoff, aber auch Kombinationen dieser Werkstoffe.

Holz als Baustoff hat Tradition

Holz ist ein bewährter Baustoff. Seine warme Ausstrahlung und Natürlichkeit machen es zu einem beliebten Material für den Bau von

Holz gewährleistet eine gute Wärmedämmung und Tragfestigkeit, muss aber unbedingt vor UV-Strahlung und Feuchtigkeit geschützt werden

Holz ist einfach zu bearbeiten und eignet sich gut für den Do-it-yourselfer. Viele Hersteller, die Wintergärten zum Selbstbau anbieten, greifen daher auf dieses natürliche Material zurück

Nach außen weisende Holzflächen benötigen wirksamen Wetterschutz durch Lasuren oder Imprägnierungen

Wintergärten. Bei der Bewertung der Wärmedämmung rangiert Holz im Vergleich zu anderen Materialien auf Platz eins. Das bedeutet: Nur wenig Wärme geht im Bereich der tragenden Profile verloren und es fällt kein Tauwasser an.

Der Bauherr hat die Wahl zwischen Massivholz und so genannten Leimbindern. Gewachsenes Holz kann sich bei thermischen Belastungen verziehen, eignet sich aber dennoch recht gut für Wintergärten mit geringen Spannweiten (rund zwei Meter). Bei größeren Dimensionen setzt man besser Leimbinder ein. Sie bestehen aus mehreren miteinander verleimten Brettlagen. Auf diese Weise wird

ein Verdrehen und Verziehen des Holzes verhindert. Da Holz eine geringere Tragfähigkeit hat als beispielsweise Aluminium, müssen die Profile wesentlich stärker dimensioniert sein.

Damit der natürliche Baustoff Holz vor Witterungseinflüssen geschützt wird, ist an den Außenflächen eine Behandlung mit geeigneten Lasuren erforderlich.

Um einen Glasanbau mit Holzgerüst im Selbstbau zu errichten, genügen etwas handwerkliches Geschick und eine übliche Werkzeugausrüstung zur Holzbearbeitung mit Sägen, Stecheisen usw. Das erforderliche Material ist im Holzfachhandel zu bekommen.

Wer sich einen Teil der handwerklichen Arbeit sparen will, lässt die Konstruktion vom Zimmermann vorbereiten oder greift auf einen Bausatz zurück.

Aluminium – das stabile Leichtgewicht

Das Leichtgewicht unter den Profilen – das Aluminium-Profil – lässt sich ebenfalls gut im Selbstbau verarbeiten, wenn man sich für ein System mit vorgefertigten Teilen entscheidet.

Aluminium ist ein sehr witterungsbeständiger, korrosionsfester, haltbarer und pflegeleichter Werkstoff. Nachteilig sind dagegen seine schlechten Wärmedämmeigen-

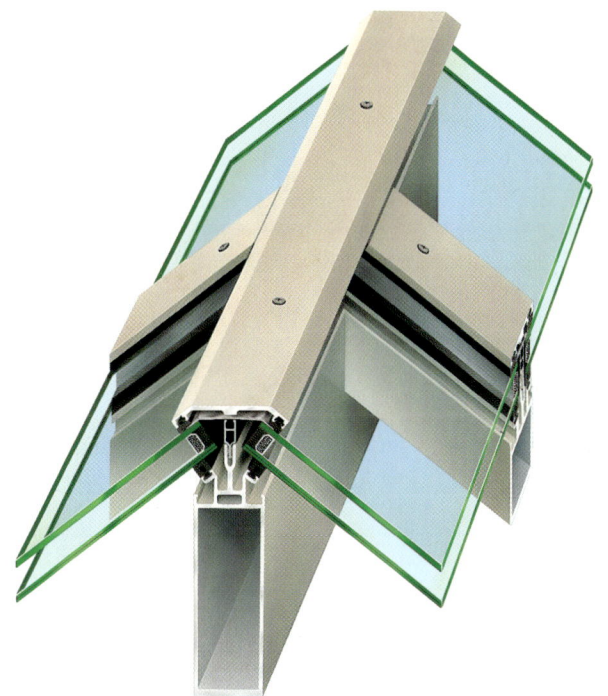

Nichts für den Heimwerker: hochwertige Aluminium-Profile aus dem professionellen Wintergarten- und Lichtkuppelbau (oben)

Welche Farbe darf's denn sein? Aluminium-Profile werden in den unterschiedlichsten Farbtönen angeboten

Aluminium eignet sich gut für anspruchsvolle Konstruktionen

schaften und die gegenüber Holz höheren Kosten. Um Wärmebrücken und Schwitzwasserbildung zu vermeiden, sollten Sie auf thermisch getrennte Profile zurückgreifen. Dabei wird ein direkter Wärmeübergang von innen nach außen durch eine Dämmschicht verhindert.

Technische Schnittdarstellung eines Glasdachs mit thermisch getrennten, wärmegedämmten Aluprofilen

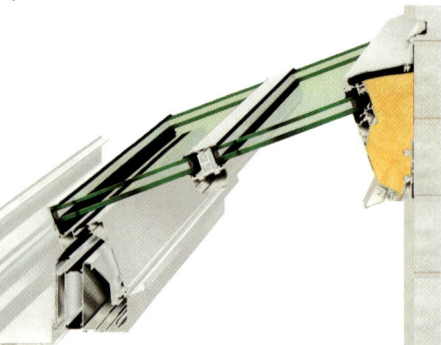

Holz kombiniert mit Aluminium

Der Markt bietet inzwischen auch Kombinationssysteme aus verschiedenen Werkstoffen an. Recht beliebt sind Holz-Aluminium-Verbundsysteme. Das Holz stellt hierbei die eigentliche Tragekonstruktion, die nach außen hin durch Aluminiumschalen verkleidet wird. Mit Hilfe spezieller Halterungen und Dichtungen wird die Verglasung befestigt.

Holz-Aluminium-Systeme kommen vor allem im Dachbereich zum Einsatz, wo die Tragekonstruktion besonders stark der Witterung ausgesetzt ist.

Kunststoffprofile mit Metallkern

Polyvinylchlorid (PVC) gehört zu den Kunststoffen, die heute mehr und mehr für den Wintergartenbau eingesetzt werden. Das Material ist vergleichsweise preiswert, lässt sich gut verarbeiten, bleibt formstabil und benötigt wenig Pflege. Feuchtigkeit und UV-Strahlung können dem Werkstoff auch über mehrere Jahrzehnte nicht viel anhaben.

Im Fensterbau arbeitet man schon seit Jahrzehnten mit PVC-Profilen. Da der Kunststoff aber über keine große Festigkeit verfügt, müssen die Trageprofile von Wintergärten, wie vom Fensterbau bekannt, mit einem Stahlkern versehen werden.

Stahl ist stabil, aber korrosionsgefährdet

Mit Stahl lassen sich aufgrund seiner hohen Tragfähigkeit wunderschöne, filigrane Glashaus-Konstruktionen erstellen. Im Wohn-Wintergartenbau kommt das schwer zu bearbeitende Material allerdings selten zum Einsatz. Es rostet bei Wasserkontakt und besitzt eine hohe Wärmeleitfähigkeit. Dadurch ist Tauwasserbildung an den Innenflächen kaum zu verhindern.

Holz-Aluminium-Systeme vereinigen die Natürlichkeit des Holzes mit der Witterungsbeständigkeit des Metalls. Hier ein Schnitt durch eine Wintergartenfront, bei der die tragenden Holzteile außen mit Aluminium Profilen verkleidet wurden

Unten: Wintergarten aus Kunststoffprofilen

Durchblick bei der Wahl der Verglasung

Die Dachflächen von Wintergärten müssen ausSicherheitsgläsern bestehen, die bei Bruch nicht splittenr

Die Verglasung eines Wintergartens soll Sonnenlicht hereinlassen, Wärme im Rauminneren „festhalten" und vor allzu starker Sonneneinstrahlung schützen. Die Scheiben müssen zudem ausreichend stabil sein. Ein Glasbruch darf die Bewohner nicht gefährden. Halten sie zudem noch Lärm ab und Einbrecher fern – umso besser. Nicht zuletzt sollen sie einfach brillant aussehen. Solche Alleskönner gibt es leider nicht unter den Verglasungen. Der Bauherr muss sich also für eine Kombination bestimmter Eigenschaften entscheiden. Der Gesetzgeber hat den Rahmen bereits festgesteckt. Wer einen Wohn-Wintergarten neu errichtet, ist gemäß Wärmeschutzverordnung dazu verpflichtet, hoch wärmedämmende Verglasungen einzusetzen.

Die Verglasung wirkt als Sonnenfalle

Wärmeschutzgläser bestehen – wie herkömmliches Isolierglas auch – aus zwei Scheiben. Die dem Raum zugewandte Scheibe ist allerdings mit einer hauchdünnen Edelmetallbeschichtung versehen. Sie sorgt dafür, dass die langwellige Wärmestrahlung aus dem Raum wieder reflektiert wird, also nicht durch die Scheiben nach draußen entschwindet. Im Scheibenzwischenraum befinden sich Edelgase mit geringer Wärmeleitfähgkeit.

Wie gut die isolierende Wirkung einer Scheibe ist, sagt Ihnen der

Wärmedurchgangskoeffizient, der so genannte k-Wert. Er gibt an, welche Wärmemenge durch einen Quadratmeter eines Bauteils hindurchfließt, wenn das Temperaturgefälle ein Grad Kelvin beträgt (W/m^2K).

Konventionelles Isolierglas hält die Wärme nur halb so gut im Raum wie Wärmeschutzglas. Die isolierende Wirkung von Einfachglas ist sogar um das Vierfache schlechter. Diese Art der Verglasung ist daher beim Wintergartenbau „weg vom Fenster".

Bei Überkopf- beziehungsweise Brüstungsverglasungen sind Sicherheitsgläser vorgeschrieben. Empfehlenswert ist Verbundsicherheitsglas (VSG). Bei der Herstellung werden mehrere übereinander liegende Scheiben durch hochelastische Folien fest miteinander verbunden. Durch seine splitterbindende Wirkung mindert sich die Verletzungsgefahr bei Glasbruch.

Multifunktionsgläser sind unterschiedliche Kombinationen aus Einbruch-, Schall-, Sonnen- und Wärmeschutz. Hier sollte man zwischen Aufwand, Kosten und Nutzen abwägen. Ein wichtiger Gesichtspunkt ist der, dass hochwertiges Wärmeschutzglas zwar die Nutzungsdauer eines Wintergartens erheblich verlängert, im Sommer aber auch besonders wirksame Lüftung und Schattierung notwendig macht.

Einfachglas hat einen hohen k-Wert von 5,8 und ist damit völlig ungeeignet für den Wintergartenbau

Konventionelles Isolierglas weist einen durchschnittlichen k-Wert von etwa 3,0 auf und darf heute nur noch für unbeheizte Glasanbauten verwendet werden

Wärmeschutzglas mit einem durchschnittlichen k-Wert von nur 1,4 ist heute Standard für Wohn-Wintergärten

Wärmeschutzglas wird – mit etwas dickeren Scheiben – auch als schallschützende Variante angeboten

Stegplatten
werden in
der Regel mit
Klemmpro-
filen
befestigt

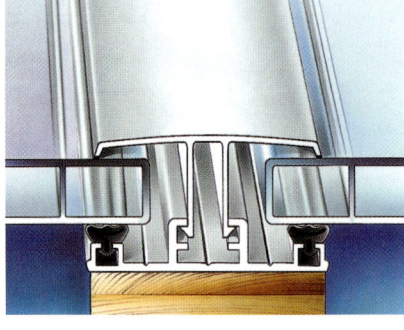

Hier ein Profil
für Stegdrei-
fachplatten mit
besonders
großer Ein-
bauhöhe

Schraubprofile
eignen sich für
Massiv- und
Stegplatten aus
Polycarbonat
sowie für Acryl-
Platten

Wand-Profile
dienen als obere
und seitliche
Wandanschlüsse
von Dächern

Kunststoff

Verglasungen aus Kunststoff eignen sich ebenfalls für den Wintergartenbau. Der Markt bietet Massivplatten und Stegplatten an, die – je nach Hersteller – zumeist aus Acryl oder Polycarbonat bestehen. Die Kunststoff-Platten sind leicht, witterungsbeständig, bruchfest, teilweise einbruchhemmend und einfach zu verarbeiten. Allerdings reagieren Kunststoff-Platten recht

Runde Sache

Ein Wintergarten mit besonderer Note gefällig? Die gebogenen Massivplatten aus Acrylglas sind sehr witterungsbeständig und lichtdurchlässig.

empfindlich auf UV-Licht und können leicht verkratzen. Einige Werkstoffe „erblinden" im Laufe der Zeit. Mit Hilfe spezieller Beschichtungen versuchen die Hersteller, diese Nachteile zu minimieren.

Stegplatten aus Polycarbonat finden im Wintergartenbau zumeist als Dachverglasung Verwendung. Ihre Pluspunkte sind die Bruchfestigkeit, die Wärmedämmfähigkeit und die vergleichsweise geringen Materialkosten. Für den Do-it-yourselfer sind sie besser zu handhaben als beispielsweise Sicherheitsglas. Wer möchte, kann die Platten im Selbstbau auch für Seitenflächen verwenden.

Je nach Ausführung besitzen Kunststoff-Platten eine ähnliche Wärmedämmfähigkeit wie Isolierglas. Stegvierfachplatten erreichen k-Werte von 1,7, Stegsechsfachplatten sogar von 1,2. Die Platten sind allerdings nicht dampfdicht und müssen daher mit ausreichendem Gefälle verlegt werden, damit das Kondenswasser aus den Hohlräumen ablaufen kann. Die erforderliche Belüftung erfolgt an den unteren Stirnseiten.

Unter einem Dach, das mit dieser „Heatstop"-Stegplatte verglast ist, bleibt es kühl.

Eine Beschichtung sorgt für besonderen Witterungsschutz (links) Stegvierfachplatten werden häufig für Wintergartendächer verwendet (unten)

Die Natur hereinlassen: Fenster und Türen

Die meisten Wintergärten haben außer dem Zugang zum Kernhaus noch mindestens eine weitere Tür, die in den Garten oder auf die Terrasse hinaus führt. Hier lassen sich verschiedene Türmodelle einsetzen. Dazu gehören Schiebetüren, Falttüren, Drehkipp-Türen, aber auch so genannte „Parallelabstell-Schiebekipp-Konstruktionen".

In Wohn-Wintergärten sollten die Türen auf jeden Fall über thermisch getrennte Wärmedämm-Profile verfügen. Sehr beliebt sind vor allem Schiebetüren, da sie das Glashaus über eine ziemlich große

Fläche hin öffnen können, ohne die Stellfläche zu beeinträchtigen. Bereits mit einfachen Modellen lassen sich bis zu fünfzig Prozent der Wandflächen freischieben, mit mehrspurigen Elementen sogar bis zu achtzig Prozent.

Wichtig ist, dass Schiebetüren leichtgängig sind und ruhig „rollen". In geschlossenem Zustand müssen sie dicht schließen und satt aufliegen. Der Markt bietet einspurige, zweispurige und dreispurige Laufschienen. Es gibt Standard-Schiebetüren, komfortablere Hebeschiebetüren und Schiebetüren, die in Kippstellung auch die Funktion des Lüftens übernehmen können.

Bei den Falttüren lassen sich Profile und Verglasung auf ein kleines Paket zusammenschieben. Dieser Mechanismus öffnet gläserne Wände bis zu neunzig Prozent. Für das Auf- und Zuschieben muss allerdings Platz mit einkalkuliert werden, der als Stellfläche wegfällt. Ein weiterer Nachteil ist, dass der Glasanteil gegenüber Schiebetüren merklich kleiner ausfällt. Sind die Türen geschlossen, verringern die relativ dicht beieinan-

Dachfenster sorgen für die Lüftung des Glasanbaus. Warme Luft steigt nach oben in den First

der liegenden senkrechten Profile die Sicht nach außen.

Als Fenster kommen die vom Hausbau bekannten Bauelemente in Frage: Drehfenster, Kippfenster und Drehkipp-Fenster. In bewohnten Wintergärten ist der Einsatz wärmegedämmter Profile erforderlich. Im Dachbereich sorgen spezielle Lüftungsfenster für den nötigen Luftaustausch. Da sich die Wärme stets an der höchsten Stelle des Raumes staut, sollten sich die Lüftungsfenster möglichst im Firstbereich befinden.

Bei der Anordnung der Fenster sollten Sie darauf achten, dass Querlüftung möglich ist. Sie verhindert stehende Hitze.

Der Öffnungsmechanismus einer Schiebetüre ist Platz sparend. Es geht so gut wie keine Stellfläche verloren

Falttüren (unten) können eine gläserne Wand an warmen Sommertagen nahezu vollständig öffnen

3

Prima Klima im Wintergarten

Die Sonnenenergie optimal nutzen

Die Bezeichnung „Wintergarten" spricht für sich: Sie können sich in dem gläsernen Anbau nämlich auch dann wohl fühlen, wenn es draußen bereits empfindlich kalt ist oder sogar Schnee liegt. Damit Sie keine kalten Füße bekommen und die Sonne unbeschwert genießen können, muss der Anbau allerdings „winterfest" sein.

Im Sommer möchten Sie Ihr Glashaus natürlich auch gerne nutzen, dann aber dürfen zu hohe Temperaturen im Inneren den Aufenthalt nicht verleiden.

Sommerhitze und Winterkälte

Um das Klima im Glashaus wohnlich zu halten, bedarf es einer Reihe baulicher Maßnahmen. Eine wichtige Rolle spielen – neben der Ausrichtung und Form des Wintergartens – die Materialien für die Tragkonstruktion, die Verglasung sowie die Maßnahmen für Lüftung und Beschattung.

Ein Wintergarten ist allein durch seine exponierte Lage den klimatischen Veränderungen viel stärker ausgesetzt als das Kernhaus. Bei den „klassisch" gestalteten Glashäusern bieten drei großflächig verglaste Seiten und das Dach Angriffspunkte für Sonne, Regen, Schnee und Hagel. Die Außentemperaturen haben hier einen unmittelbareren Einfluss auf das Klima des Innenraums als dies bei einem gemauerten Anbau der Fall ist. Während beispielsweise Ziegelsteine Feuchte aufnehmen und wieder abgeben können, reagieren Glasscheiben auf erhöhte Luftfeuchtig-

Mollig auch im Winter: Ein Wohn-Wintergarten hat jedoch einen vier- bis fünffach höheren Wärmebedarf als ein normaler Wohnraum

keit in kühleren Zeiten mit Tauwasserbildung. Ein einfach verglaster Anbau wird bei Frost sogar mit Eisblumen an den Scheiben aufwarten, die die klare Sicht versperren – von den ungemütlichen Raumtemperaturen ganz zu schweigen.

In welchem Ausmaß solche physikalisch bedingten Phänomene auftreten, hängt im Wesentlichen von der konstruktiven Ausführung eines Wintergartens ab. An einfachen Aluminium-Profilen, die nicht thermisch getrennt sind, bildet sich bei sinkenden Temperaturen zwangsläufig Kondenswasser, das auch auf die Möbel tropfen kann.

Stahlprofile, die nicht verzinkt sind, fangen in feuchter Luft an zu rosten. Je mehr Pflanzen das gläserne Zimmer beherbergt und je häufiger sich die Bewohner dort aufhalten, desto mehr Feuchtigkeit fällt an. Grundsätzlich gilt: Warme Luft kann mehr Wasser aufnehmen als kalte. Deshalb ist gute Wärmedämmung die wirksamste Maßnahme gegen Tauwasserbildung.

In einem Wohn-Wintergarten ist gemäß Wärmeschutzverordnung eine gute Dämmung ohnehin Pflicht. Gemütlich ist es in einem Glasanbau bei ca. 20 °C Lufttemperatur und 40-60 Grad relativer Luftfeuchtigkeit.

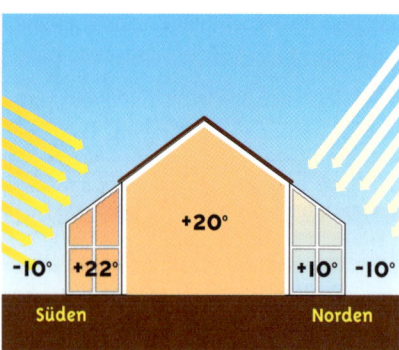

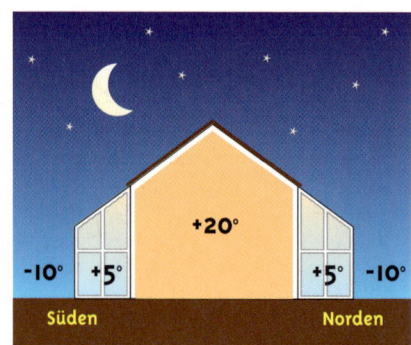

Energie sparen mit dem Wintergarten?

Wichtigster Faktor für die klimatischen Verhältnisse im Wintergarten ist die Sonne. Sie strahlt ins Rauminnere und heizt so den Glasanbau kostenlos auf. Das himmlische Wärmeangebot kann jedoch auch erdrückend sein. Gegen allzu viel Sonnenschein hilft nur Beschattung vor allem der Dachflächen. Auch ein wirksames Lüftungssystem schützt vor Überhitzung und gehört daher in jeden Wintergarten.

Ist die Sonneneinstrahlung in den kalten Jahreszeiten geringer, benötigt der gläserne Anbau – falls er ganzjährig bewohnt wer-

den soll und entsprechend gedämmt ist – eine Heizung.

Die kostbare Sonnenenergie lässt sich aber auch nutzen, um angrenzende Wohnbereiche in der kühleren Jahreszeit mit zu erwärmen. Das spart Heizenergie, schont den Geldbeutel und entlastet die Umwelt. Mit diesen schlagkräftigen Argumenten gehen viele Wintergartenanbieter auf Kundenfang. Tatsächlich lässt sich ein solcher Gewinn aus „passiver Solarenergienutzung" durch Glasanbauten nachweisen.

Der energetische Nutzen eines Wintergartens liegt in erster Linie darin, dass er als thermische Puf-

Oben: Dachflächen in Südlage müssen unbedingt beschattet werden

Energiegewinn an einer Glasscheibe: Der verglaste Raum wirkt als Sonnenfalle

ferzone wirkt. In den Übergangszeiten, also im Frühjahr und
Herbst, heizt er sich recht schnell
auf. Ab einer Temperatur von
mehr als 24 °C lohnt es sich, die
kostenlose Wärme in die Wohnräume strömen zu lassen.

Wichtig sind aber nicht nur
kurzzeitige Einspareffekte, sondern
die Gesamtenergiebilanz. Ein
durchgehend bewohnter Wintergarten wird über das Jahr hinweg
niemals so viel Heizenergie und
damit Geld einsparen, dass sich die
relativ hohen Investitionskosten
des Anbaus amortisieren.

Wer einen Wintergarten unter
dem Gesichtspunkt der Energie-
einsparung plant, kommt mit einer

verbesserten Wärmedämmung
oder Verglasung des Kernhauses
sowie einer effizienteren Hei-
zungsanlage eher zu seinem Ziel.

Die Himmelsrichtung beachten

Die Annahme, dass ein Energiegewinn für das gesamte Haus
grundsätzlich dann am höchsten
ist, wenn sich der Wintergarten
auf der sonnenreichen Südseite
befindet, ist nicht ganz richtig.
Denn selbst ein auf der Nordseite
gelegener unbeheizter Glasanbau
beeinflusst die Energiebilanz posi-
tiv. Experten haben berechnet,

Die eingestrahl-
te Sonnenener-
gie wandelt sich
in Wärme um.
Sie wird an ein
kühleres Medi-
um abgegeben.
Dies kann durch
Wärmeströmung
(Konvektion),
Wärmestrahlung
oder Wärmelei-
tung erfolgen

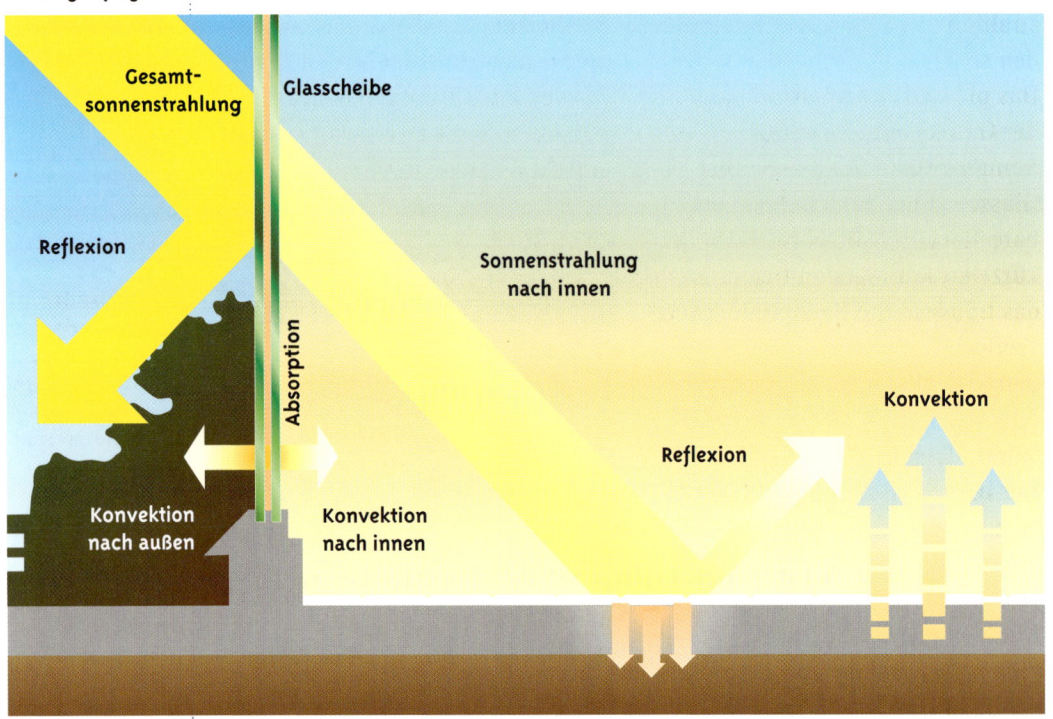

dass die nordseitigen Energiegewinne die Wärmeverluste an dieser Hausseite – bedingt durch die stärker beheizten Räume – übersteigen.

In Sachen Behaglichkeit reicht der unbeheizte Glasanbau im Norden allerdings nicht an das südliche Pendant heran. Im Winterhalbjahr ist an eine Nutzung ohne Zusatzheizung nicht zu denken. Und bringt man das Glashaus ab und zu auf wohnliche Temperaturen, sind die vorher erzielten Energiegewinne wieder aufgebraucht.

Wie funktioniert der Treibhauseffekt?

Die Umwandlung der Sonnenstrahlung in Wärme erfolgt über den so genannten Treibhauseffekt. Das physikalische Prinzip ist von der Gewächshausnutzung bekannt. Sonnenstrahlen treffen auf die Glasscheiben. Nicht nur der sichtbare Teil des Lichtes, sondern auch kürzere Wellenlängen treten durch das transparente Bauteil hindurch. Treffen sie im Inneren des Glasanbaus auf den Boden, die Wand oder massive Einrichtungsgegenstände, werden sie dort absorbiert. Der bestrahlte „Körper" erwärmt sich und gibt die aufgenommene Energie als langwellige Wärmestrahlung wieder in den Raum ab. Dunkle Materialoberflächen absorbieren die Strahlung übrigens besser als helle.

Himmel			
Wetter:	wolkenloser Himmel	dunstig-wolkig, Sonne hinter einem Wolkenschleier sichtbar	wolkenbedeckter Himmel, trüber Tag
Globalstrahlung:	600-800 W/m²	200-400 W/m²	50-150 W/m²
Diffusanteil:	10-20 %	20-80 %	80-100 %

Der langwelligen Wärmestrahlung ist der direkte Rückweg durch das Glas verwehrt. Die Temperaturen im Glashaus steigen an. Dennoch kann die Wärme den Raum wieder verlassen beziehungsweise zu anderen Körpern überwechseln. Dafür muss sie allerdings einen Umweg einschlagen. Indem sie z.B. die Scheibe erwärmt, kann sie mittels Wärmeleitung durch das

Die Globalstrahlung ist die Summe aus direkter und diffuser Sonneneinstrahlung. An wolkenlosen Tagen ist der Anteil der diffusen Strahlung am geringsten

	Direkt in %	Diffus in %
Oktober	37	63
November	32	68
Oktober	22	78
Dezember	28	72
Januar	39	61
Februar	37	63
März	46	54
April	34	66

Im Winterhalbjahr, also während der Heizperiode, nimmt der Anteil der diffusen Sonneneinstrahlung zu (monatliche Durchschnittswerte)

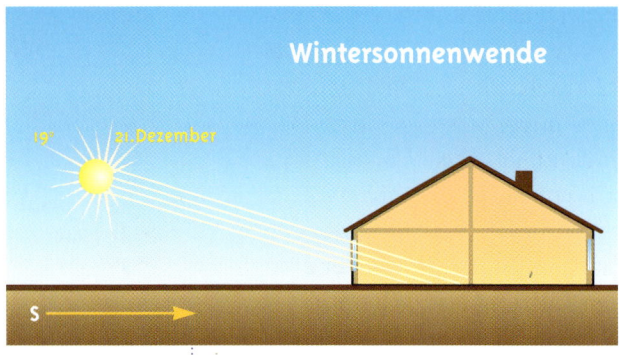

Wintersonnenwende

19° 21.Dezember

S →

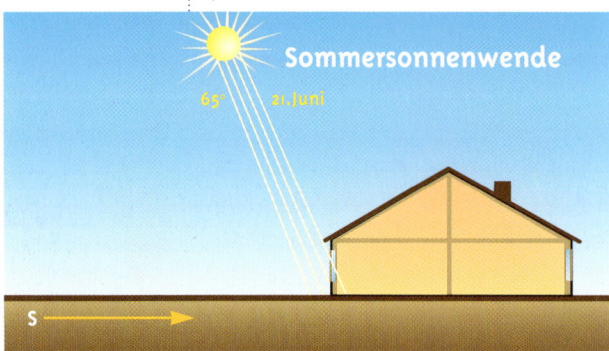

Sommersonnenwende

65° 21.Juni

S →

Der Winkel der direkten Sonnenstrahlung ändert sich im Laufe des Jahres. Bei der Winter- bzw. der Sommersonnenwende wird der Tiefst- bzw. Höchststand erreicht

Sonnenstrahlen unterscheiden sich

Bei der Sonneneinstrahlung kann man Globalstrahlung, direkte und diffuse Strahlung unterscheiden. Die direkte Strahlung trifft an wolkenlosen Tagen auf direktem Wege bei uns ein. Soll sie dazu genutzt werden, in einem Wintergarten möglichst viel Wärme aufzufangen, muss sich der Glasanbau der Strahlung „entgegenstellen". Seine Glasflächen sollten nach Süden orientiert sein (Beschattung nicht vergessen).

Auch im Winter fällt die sonnige Ernte direkter Strahlung vergleichsweise reichlich aus. Hierbei spielen allerdings die Neigung und Orientierung der Glasflächen eine Rolle. Je frontaler die direkte Einstrahlung auftrifft, desto größer ist die Erwärmung.

Flach geneigte Flächen können beim Einfangen der diffusen Strahlung Pluspunkte verbuchen. Darunter versteht man die Strahlung, die in der Atmosphäre gestreut wird, beispielsweise an den Wolken.

Hierbei kommt es eher auf die Größe der Einstrahlfläche eines Wintergartens an. Die solare Ernte fällt zwar geringer aus, aber die Diffusstrahlung ist dafür ganzjährig vorhanden. Eine wichtige Rolle spielt sie vor allem bei nordorientieren Wintergärten.

Glas nach draußen „wandern". Voraussetzung hierfür ist allerdings, dass es an der Außenseite des Glases eine kältere Zone gibt, die diese Wärme aufnimmt. Solange aber von draußen weiterhin die Sonne kräftig auf den Wintergarten scheint, bleibt die Wärme im Inneren des Glashauses gefangen – es sei denn, sie wird in angrenzende kühlere Wohnbereiche abgeleitet.

Sinken aber die Außentemperaturen oder lässt die intensive Sonneneinstrahlung nach, kann die Wärme ihren Weg durch die Scheiben antreten. Bei einer wärmedämmenden Verglasung sind diese Verluste gegenüber Einfachglas allerdings stark herabgesetzt.

Während die direkte Sonneneinstrahlung bei nach Süden ausgerichteten Wintergärten unbedingt durch ein Beschattungssystem reguliert werden muss, entfällt dies bei der deutlich weniger intensiven diffusen Strahlung.

Beide Strahlungsarten – direkte und diffuse Strahlung – werden in ihrer Summe als Globalstrahlung bezeichnet. Die regionalen Strahlungsverhältnisse sind in Deutschland sehr unterschiedlich. Besonders intensiv ist die direkte Strahlung an der Küste sowie in den höheren Lagen der Gebirge.

Wintergärten sollten aber eher nach Gesichtspunkten der optimalen Nutzung als nach optimaler „Energieausbeute" geplant werden.

Die Einstrahlungsbedingungen für einen Wintergarten im Wechsel der Jahreszeiten

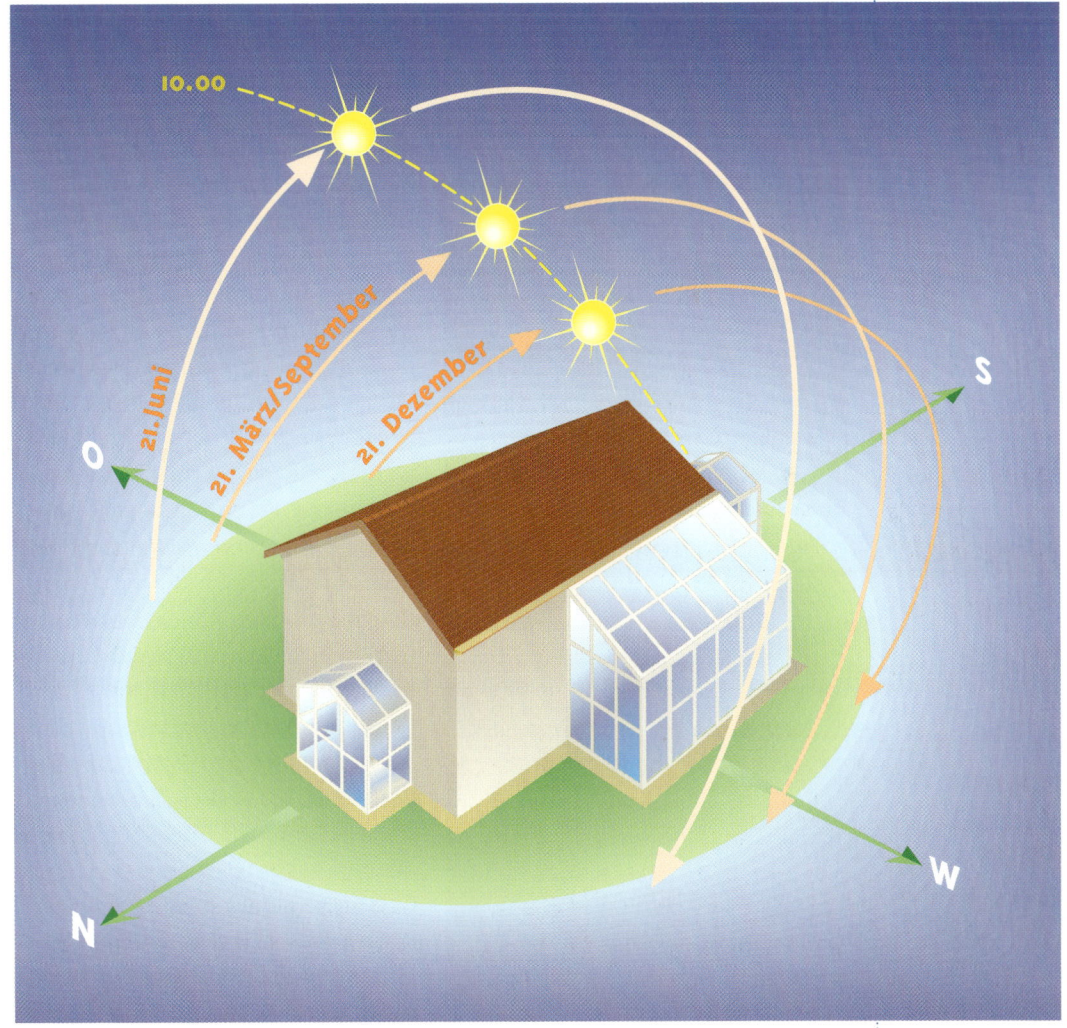

Die Entscheidung: Garten, Wohnraum, Büro

Welchen Zweck ein Wintergarten auch immer erfüllen soll, eines steht fest: Die Nutzung muss vorab geplant sein. Denn nachträgliche bauliche Änderungen lassen sich in der Praxis kaum oder nur mit enormem Auf-

In der „Grünen Hölle" eines Wintergartens mit vielen Pflanzen herrscht relativ hohe Luftfeuchtigkeit. Deshalb muss gut gelüftet werden

wand umsetzen. Die klassische Nutzung ist immer noch die des Wohn-Wintergartens. In einer Sitzecke oder an einem großen Tisch kann man hier das ganze Jahr über „die Seele baumeln lassen".

Ein beheizbarer Glasanbau kann offen in die Wohnräume übergehen. Die Temperaturen beider Bereiche müssen dann aber auch in kalten Zeiten auf gleicher Höhe gehalten werden. Ist abzusehen, dass sich im Winter selten jemand in das gläserne Zimmer begeben wird und soll die Temperatur dort zwischenzeitlich heruntergefahren werden, ist von vornherein eine thermische Trennung vom Kernhaus einzuplanen. Das gilt grundsätzlich auch für die unbeheizte Variante.

Wintergärten eignen sich auch hervorragend, um Pflanzen eine lichtdurchflutete Umgebung zu spendieren. Bei der Auswahl der Pflanzenarten sollten Sie sich beraten lassen. Auf intensive Sonneneinstrahlung reagieren viele Gewächse empfindlich. Auch mit den extremen Temperaturschwankungen können nicht alle Pflanzen umgehen. Am besten ist es, wenn die Arten zumindest kurzzeitig Frost vertragen können. Optisch ansprechend ist, wenn Sie den Glasanbau mit Gewächsen unterschiedlicher Höhe bestücken.

Wer gerne in einer hellen Atmosphäre arbeitet, kann seinen Glasanbau zum Büro oder Atelier umfunktionieren. Kinder freuen sich über ein Spielzimmer mit Rundumblick. Wintergärten über zwei Etagen bieten nicht nur mehr Platz, sondern sind auch architektonische Highlights. Aufwendige Wintergartenkonstruktionen sind jedoch erheblich teurer als konventionell gebauter Wohnraum.

Ob als Wohnraum oder Spielzimmer genutzt – ein durchgängig bewohnter Wintergarten bedarf einer guten Wärmedämmung

Büros sollten in nordseitig gelegenen Wintergärten untergebracht werden. Hier ist die Sonneneinstrahlung nicht so intensiv und es wird nicht so heiß

4

Lüften, Beschatten und Heizen

Mit System für kühle Frischluft sorgen

Lüftung verhindert Wärmestaus, reguliert die Luftfeuchtigkeit und sorgt für den nötigen Sauerstoff. Vor allem dann, wenn ein Glasanbau nach Süden ausgerichtet ist, darf ein leistungsfähiges Lüftungssystem nicht fehlen. Gleiches gilt generell für einen ganzjährig bewohnten Wintergarten.

Verschiedene Lüftungssysteme

Der erforderliche Luftaustausch lässt sich im einfachsten Fall durch manuell zu öffnende Zuluft- und Abluftklappen für den Luftstrom regeln. Die Zuluftklappen befinden sich am unteren Rand der verglasten Seitenflächen. Die Abluftöffnungen gehören in den Firstbereich, also an den höchstmöglichen Punkt. Warme Luft steigt nach oben, weil sie leichter ist als kalte (Thermik).

Je größer der Abstand zwischen beiden Öffnungsklappen ist, desto größer wird auch der Luftsog (Kamineffekt). Sind die Zuluftöffnungen kleiner als die für den Luftab-

zug, entsteht ein zusätzlicher Unterdruck, der die Wärme schneller abfließen lässt. Damit die Luftmassen überhaupt in Bewegung Kommen, sollte der Zustrom um mindestens fünf Grad kälter sein als die abziehende Raumluft. Daher ist

es sinnvoll, die Zuluftöffnung zu verschatten, beispielsweise durch ein Gebüsch.

Öffnungen richtig dimensionieren

Allgemeine Ratschläge für die richtige Anzahl und Größe der Lüftungsöffnungen kann man nur schwer geben. Experten empfehlen, etwa zehn bis fünfzehn Prozent der gesamten Glasfläche eines Wintergartens für die Lüftung zu veranschlagen – ein Drittel davon als Zuluftöffnungen und die restlichen zwei Drittel als Abluftöffnungen. Sind Glashäuser komplizierter konstruiert (z.B. zweigeschossig) gelten andere Werte.

Relativ preiswert sind so genannte Fertiglüftungsklappen, die auch bei Gewächshäusern gebräuchlich sind. Sie werden per Hand bedient. Für die manuelle Öffnung eignen sich ebenfalls Klapp-, Dreh- und Schiebefenster. Bei dieser Art von Lüftung werden Sie nicht durch Eigengeräusche des Systems gestört und spüren deutlich weniger „Zug". Dafür können offen stehende Fenster oder Klappen Einbrecher anlocken.

Die manuelle Bedienung können Sie sich sparen, indem Sie die Mechanik durch einen Automaten ohne Hilfsenergie bewegen, ähn-

Eine automatische Lüftung regelt Temperatur und Luftfeuchtigkeit (oben und rechts)

Der elektrische Fensteröffner arbeitet mit einem stufenlosen Kettenhub (unten)

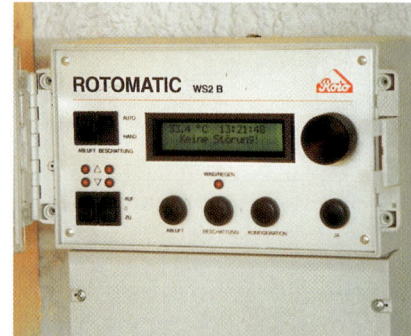

lich einem Thermostatventil beim Heizkörper. Ein Kolben, der zumeist mit Gasdruck arbeitet, bewegt die Lüftungsklappe in Abhängigkeit von Temperatur beziehungsweise Luftfeuchte.

Elektrische Lüftungssysteme stellen die Komfort-Lösung dar. Sie arbeiten mit 230-V-Stellmotoren oder Antrieben im ungefährlichen 12-Volt-Niederspannungsbereich. Die Palette reicht von einer einfachen Auf/Zu-Funktion bis hin zu einer temperatur- und feuchtigkeitssensiblen Regelung. Einige Systeme reagieren auch auf Wind und Regen.

Mit Schattierung kombinieren

In Kombination mit einer Schattierungsanlage können Sie das Klima im Wintergarten sensibel steuern. Eine Außenbeschattung darf die Lüftungsöffnungen im Dach nicht versperren.

Bei Innenbeschattung ist darauf zu achten, dass die heiße Luft zwischen Glasscheibe und Jalousie gut zu den Lüftungsöffnungen im Dach abziehen kann.

Ein außenliegendes Schattierungssystem erfordert einen deutlich geringeren Luftwechsel (pro Stunde etwa sieben- bis zehnfach). Bei innenschattierten Wintergärten dagegen muss die Luft fünfzehn- bis dreißigmal pro

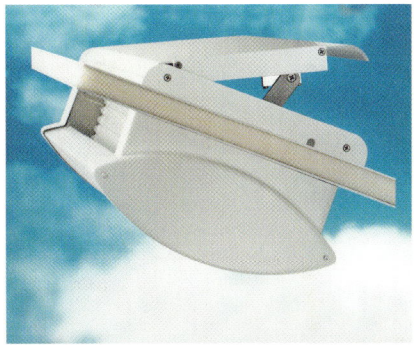

Das flache Abluftgerät kann auch unter außen liegenden Beschattungsanlagen eingesetzt werden

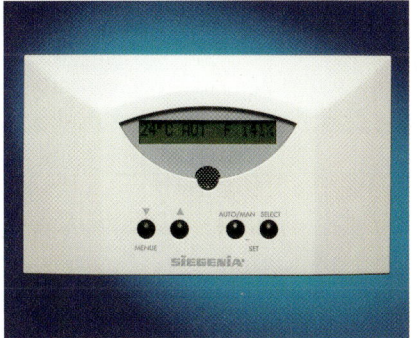

Mit Hilfe einer komfortablen Lüftungssteuerung lassen sich Lüftungsintervalle programmieren

Das Zuluftgerät mit elektrischem oder mechanischem Verschluss ergänzt das Lüftungssystem (Innenansicht)

Ein integrierter Filter schützt das Zuluftgerät vor Insekten. Es kann auch in Schiebetüren eingebaut werden (Außenansicht)

Sonnenschutz für den Wintergarten

Mit der Schattierung verhindern Sie, dass sich Ihr Wintergarten auf unerträgliche Temperaturen aufheizt. Auch Pflanzen sind für einen Schattenplatz im Sommer dankbar. Haben Sie die Möglichkeit, den Glasanbau in die Nähe von Bäumen oder Büschen zu setzen, so können Sie diese als natürliche Beschattungseinrichtungen nutzen. Voraussetzung ist, dass Entfernung und Höhe der vorhandenen Bepflanzung ausreichen, um die Sonnenstrahlen abzufangen. Beachten Sie den sommerlichen Einfallswinkel.

Die grünen Schattenwerfer lassen sich allerdings nicht regulieren. Je nach Üppigkeit schlucken sie sogar einen Teil der gewünschten Sonneneinstrahlung. Besser zu handhaben sind künstliche Beschattungssysteme. Es gibt sie für den Außen- und den Innenbereich, für die senkrechten Flächen und für das Dach.

Laubbäume fangen bis zu vierzig Prozent der Sonneneinstrahlung ab. Im Winter lassen sie das Licht durch. Nadelbäume beschatten dauerhaft

Außenbeschattung ist wirkungsvoll

Bei der Außenbeschattung dringen die Sonnenstrahlen erst gar nicht in den Glasanbau ein. Das hat den Vorteil, dass von vornherein viel Wärme draußen bleibt. Der Wirkungsgrad der Außenschattierung kann bis zu neunzig Prozent betragen.

Die äußeren Systeme müssen dafür der Witterung standhalten. Geeignet sind Schattiermatten, Lamellen-Jalousien oder Stoff-Markisen. Möchten Sie die Verdeckungen auch als Sichtschutz nutzen, sind textile Materialien ungünstig, da sie Regen und Wind nicht standhalten.

Innenbeschattung ist preiswert

Die Innenschattierung hat einen Wirkungsgrad bis zu fünfzig Prozent. Das Material muss höhere Luftfeuchtigkeit aushalten. Gängig sind Rollos, Faltstores und Vertikaljalousien. Die Preise liegen wesentlich niedriger als bei Außenschattierungen.

Durch Kombination verschiedener Systeme erreichen Sie eine komfortable Rundumschattierung. Eine Steuerung reguliert die Beschattung automatisch auch während Ihrer Abwesenheit.

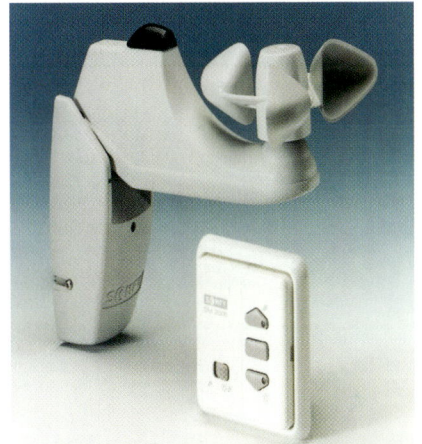

Eine Innenschattierung (oben) wirkt wohnlicher. Außenliegende Schattierungssysteme (unten) halten mehr Sonne fern. Steuerungselemente regeln den Sonnenschutz durch Messen der Lichtstärke und Windintensität (links)

Heizen verlängert die Nutzungsdauer

Wenn ein Wintergarten die Funktion eines vergrößerten Wohnzimmers hat, entsprechend möbliert ist und nicht nur gelegentlich genutzt wird, sollte unbedingt eine Zusatzheizung vorhanden sein, die zumindest in der Übergangszeit für angenehme Temperaturen im Glashaus sorgt und so die Nutzungsdauer deutlich verlängert.

Je größer die verglaste Außenfläche ist, desto mehr Wärme geht durch Beheizen eines Wintergar-

Je mehr der Wintergarten in den Wohnbereich des Hauses integriert ist, desto lohnender ist die Installation einer Zusatzheizung, mit der Sie die Nutzungsdauer deutlich verlängern können

tens in der kälteren Jahreszeit verloren. Umso wichtiger ist es, bereits bei der Planung dafür zu sorgen, dass diese Wärmeverluste möglichst gering bleiben. Bedeutsam ist die Wahl einer Verglasung mit einem möglichst niedrigen k-Wert (siehe auch S. 25). Die Wärmeschutzverordnung schreibt für beheizte Wintergärten Verglasungen von mindestens 1,5 W/m²K vor (Wärmeschutzglas). Außerdem sollte der Boden des Wintergartens unter dem Estrich eine mindestens 6 cm dicke Dämmschicht aufweisen.

Die einfachste Form der Beheizung besteht darin, einen oder mehrere Heizkörper zu installieren, die an die Zentralheizung des Hauses angeschlossen sind. Probleme gibt es allerdings, wenn das Haus über eine Fußbodenheizung mit niedrigen Vorlauftemperaturen verfügt. Diese Temperaturen reichen nicht aus, um konventionelle Plattenheizkörper anzuschließen. Und die Verlegung einer Fußbodenheizung auch im Wintergarten ist nicht empfehlenswert, weil das System zu träge ist, um an kühlen Abenden möglichst schnell die erforderliche Wärme zu liefern.

In diesem Fall kann eine Bodenkanalheizung, wie sie auf den Fotos rechts gezeigt wird, die Lösung sein. Unter dem Abdeckgitter verbirgt sich ein Heizkörper mit vielen dünnen Konvektorblechen, die auch bei niedrigen Vorlauf-

Warmluftheizungen, deren Konvektorenschächte vor den Glasscheiben angeordnet sind, heizen sehr effektiv und nehmen keinen Platz weg

Die hier gezeigte Bodenkanalheizung kann auch mit niedrigen Vorlauftemperaturen gefahren werden. Ein Gebläse sorgt für besonders effektive Wärmeabgabe

temperaturen für eine relativ hohe Heizleistung sorgen. Besonders effektiv arbeitet die Bodenkanalheizung in der Ausführung mit integriertem Gebläse, welches die Wärmeabgabe erhöht.

Ist in der Übergangszeit und im Winter nur ein gelegentlicher Aufenthalt im Wintergarten vorgesehen, reichen in der Regel ein elektrischer Heizlüfter oder ein propangasbetriebener Heizofen, um kurzfristig für angenehme Temperaturen zu sorgen.

5

Wintergärten für den Selbstbauer

Ein solides Fundament trägt das Glashaus

Häufig sollen Wintergärten auf bereits vorhandene Terrassen gesetzt werden. In diesem Fall müssen Sie die Tragfähigkeit der Terrasse prüfen. Insbesondere sollten Sie sich bei Terrassen mit einer Betonplatte als Unterbau vergewissern, ob diese Platte sich nicht abgesenkt hat. Oftmals wird bei Neubauten nämlich die Verfüllung der Baugrube nicht ausreichend verdichtet, sodass darauf gegründete Terrassen mit der Zeit absacken. Gegebenenfalls müssen Sie die alte Betonplatte abtragen, den Untergrund nachträglich verdichten und dann eine neue Bodenplatte gießen.

Ist noch kein Unterbau für den Wintergarten vorhanden, empfiehlt es sich, ein 20 cm dickes und rund 80 cm tief gegründetes Streifenfundament herzustellen, das den Wintergarten trägt. Für den Boden des Glashauses gießen Sie dann eine etwa 15 cm dicke Platte aus Magerbeton.

Die Zeichnung rechts zeigt ein Streifenfundament im Schnitt. Wie hoch der Betonsockel ragt, richtet sich nach den Maßen des geplanten Aufbaus.

Um Wärmeverluste an das Erdreich zu vermeiden, sollten Sie das Streifenfundament an seiner Außenseite durch eine aufgeklebte Hartschaumplatte dämmen (Perimeterdämmung). Die Bodenplatte erhält eine Dämmschicht unter dem Estrich.

Fundament und Bodenaufbau mit integrierter Wärmedämmung.
1. Streifenfundament
2. Bodenplatte
3. Perimeterdämmung

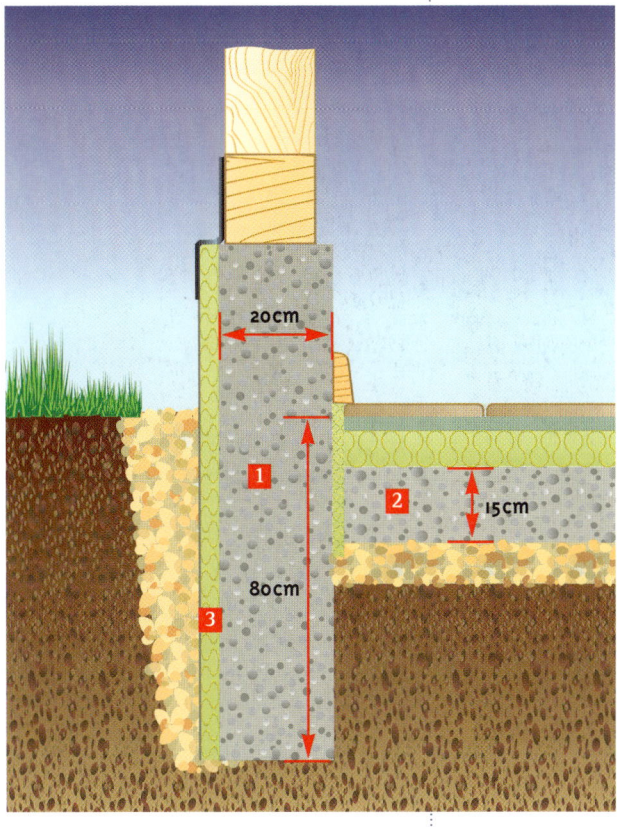

20cm

1

80cm

3

2

15cm

Individuelle Konstruktionen aus Holz

Die Tragkonstruktion eines Wintergartens muss die anfallenden Lasten auf die Fundamente abtragen. Dies sind neben dem Eigengewicht der Konstruktion sowie der Verglasung auch die zu erwartenden Wind- und Schneelasten.

Die Berechnung einer solchen Konstruktion müssen Sie unbedingt einem Statiker überlassen.

Als Materialien für die Tragkonstruktion bieten sich Holz sowie Stahl- und Aluprofile an. Mittlerweise sind auch Kunststoffprofile auf dem Markt.

Holz eignet sich besonders gut für den Selbstbau, weil es sich sehr leicht bearbeiten lässt. Da Holz aber dazu neigt, durch Nachtrocknen oder Aufnahme von Luftfeuchtigkeit zu „arbeiten",

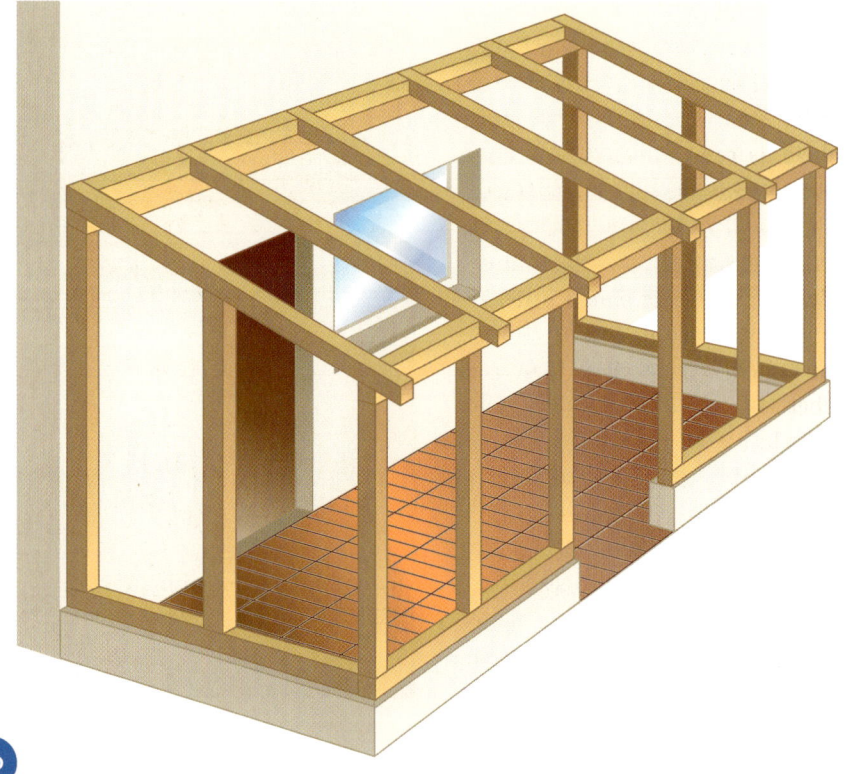

Der Rohbau eines Pultdachwintergartens mit einer Tragkonstuktion aus Holz. Die Querschnitte der Einzelteile müssen nach den individuellen Gegebenheiten vom Statiker berechnet werden

empfiehlt es sich, nur wasserfest verleimte Schichthölzer – so genannte Leimbinder – zu verwenden. Die Bretter, aus denen dieses Material zusammengeleimt wird, sind kammergetrocknet. Daher gibt es keine nachträglichen Schwundrisse. Zudem sorgt die schichtweise Verleimung für hohe Stabilität und Verwindungssteifigkeit. Leimbinder werden im Holzfachhandel in verschiedenen Längen und Querschnitten angeboten.

Den notwendigen Wetterschutz erhält das Holz durch Behandlung mit geeigneten Lasuren. Am dauerhaftesten ist kesseldruckimprägniertes Holz, bei dem schützende Salzverbindungen unter hohem Druck ins Innere des Materials gepresst werden.

Zum Verbinden der zugeschnittenen Holzteile miteinander lassen sich Metallverbinder und Lochbleche einsetzen, die es in zahlreichen Varianten gibt. Diese Hilfsmittel haben allerdings den Nachteil, dass sie teilweise sichtbar bleiben. Eleganter sind konstruktive Holzverbindungen, bei denen die Teile durch Ausklinkungen, Überblattungen usw. miteinander verzahnt werden. Teilweise lassen sich auch lange Schrauben einsetzen, deren Köpfe gegebenenfalls versenkt werden.

Auf jeden Fall müssen die Dimensionen und die Verbindungen der Holzkonstruktion vom Statiker berechnet worden sein.

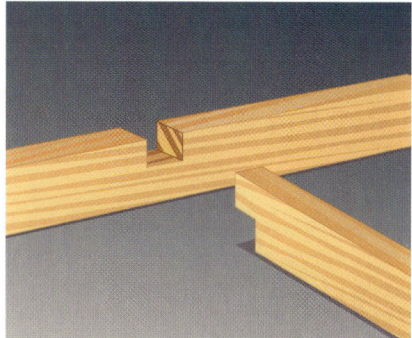

Hier eine konstruktive Verbindung, bei der Sparren und Wandbalken jeweils auf halbe Materialstärke ausgeklinkt wurden

Mit Balkenschuhen aus Lochblech können Sie Sparren und Wandbalken ebenfalls sicher miteinander verbinden

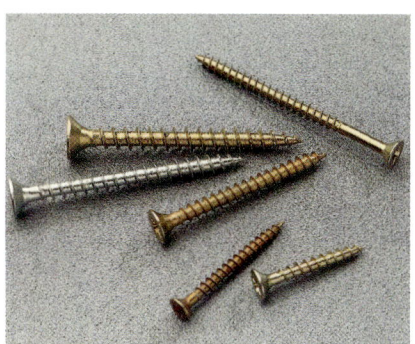

Für Verschraubungen wählt man selbstschneidende Schrauben mit Kreuzschlitzköpfen

Schlossschrauben sind für die Verbindung von Holzteilen entwickelt worden. Der Vierkant unter dem flachen Kopf verhindert ein Durchdrehen beim Anziehen

Verglasungen mit Hohlkammerplatten

Vor allem für Wintergarten-dächer werden Stegdoppelplat-ten aus Kunst-stoff eingesetzt

Der Eigenleistung beim Wintergartenbau sind Grenzen gesetzt, je höherwertiger und damit schwieriger zu verarbeiten die Materialien sind. Wer sich für eine einfache Holzkonstruktion entscheidet, bei der die Dachsparren keine übermäßig schweren Lasten zu tragen haben, wird in Hohlkammer- oder Stegplatten aus Polycarbonat bzw. Acryl ein ideales Material für die Dacheindeckung sowie Wandverkleidung finden.

Die Vorteile der Kunststoffe sind ihre Bruchsicherheit, ihr geringes Gewicht und der Umstand, dass sie leicht zu bearbeiten sind. Die Hohlkammer- bzw. Doppelsteg-Konstruktion erreicht zudem bei gleicher Lichtdurchlässigkeit ähnliche Wärmedämmwerte wie Isolierglas.

Allerdings sollen die Nachteile des Kunststoffmaterials nicht verschwiegen werden. Es ist auf Dauer empfindlich gegen UV-Strahlung, nicht kratzfest und kann sich elektrostatisch aufladen, was zu Verschmutzung führt. Allerdings sind die Produkteigenschaften in den letzten Jahren ständig verbessert worden, sodass heute eine Herstellergarantie von fünf bis zehn Jahren auf Bruch infolge von Bewitterung und Hagelschlag und zehn Jahren auf übermäßigen Verlust der Lichtdurchlässigkeit (max. 6-10%) gewährt wird.

Die Platten werden in verschiedenen Dicken und in Breiten von 980, 1050 sowie 1200 mm angeboten. Die Längen betragen 2000, 2500, 3000, 3500, 4000, 5000 oder 6000 mm. Für die Verarbeitung als Dach- oder Wandverkleidung gibt es Dichtungen, Befestigungsprofile und vieles mehr.

Oben: Stegdoppelplatten aus Acryl. **Links:** Hohlkammerplatten aus Polycarbonat

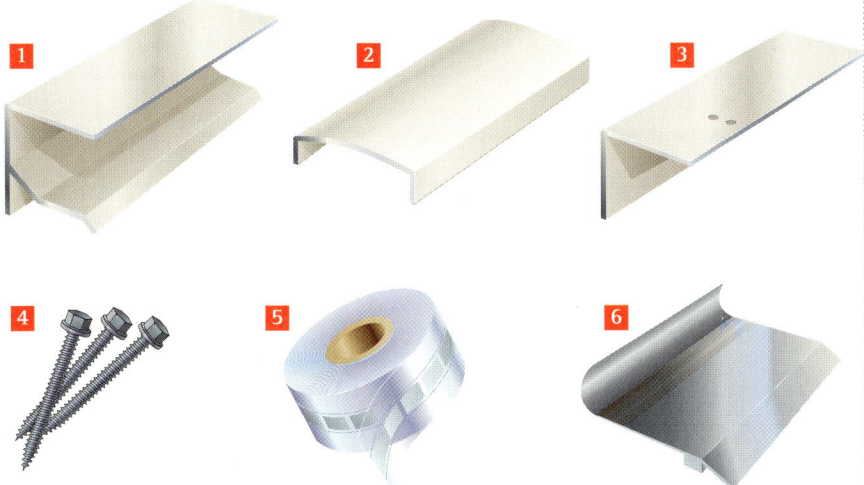

Zum Zubehörprogramm gehören neben den Befestigungsprofilen (siehe S. 54 und 56) U-Abschlussprofile (1), Zierklemmdeckel (2), Abschlusswinkel (3), Befestigungsschrauben (4), Kantenverschlussband (5) und Wandanschlussprofile (6)

Das Mittelprofil im Schnitt: 1. Auflagegummi; 2. Distanzclip; 3. Dichtlippe; 4. Profiloberteil

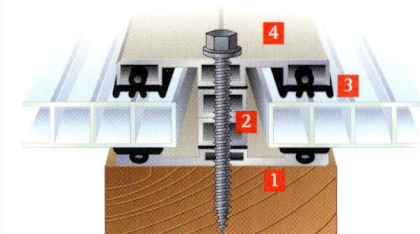

Das Randprofil im Schnitt: 1. Auflagegummi; 2. Distanzclip; 3. Dichtlippe; 4. Profiloberteil. Ein zweiter Distanzclip ersetzt hier auf einer Seite die Platte

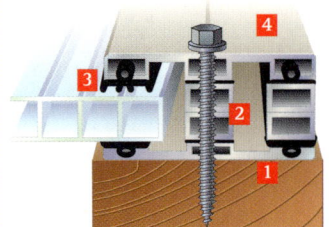

Ermitteln Sie die Endlänge des Profils und sägen es dann mit der Metallsäge passend ab. Die dazugehörenden Distanzclips werden auf die gleiche Länge zugeschnitten

Bohren Sie nun die Profiloberteile mit einem 7-mm-Bohrer in Abständen von 30 cm vor. Der Bohrer wird an der Innenseite innerhalb des Mittelsteges angesetzt

Befestigung der Platten mit dem Alu-Distanzprofilsystem

Für die Verlegung der Hohlkammer- bzw. Doppelstegplatten gibt es zwei unterschiedliche Verlegesysteme aus Alu-Profilen. Das hier gezeigte Alu-Distanzprofil ist die preisgünstigere Variante und wird vor allem für offene Überdachungen und einfache Wintergärten eingesetzt. Wo thermische Trennung gefragt ist – das heißt bei hochwertigen Wintergärten, Schwimmbadüberdachungen usw. – setzt man das Alu-Thermoprofilsystem ein (siehe S. 56-59).

Die beiden Zeichnungen links zeigen das Distanzprofil für Mittel- und Randbefestigung im Schnitt. Die folgenden Detailfotos zeigen die Verarbeitung Schritt für Schritt. Die Profile werden abgelängt und dann für die Verschraubung auf Sparren oder Wandbalken vorgebohrt. Dichtlippen und Auflagegummis sorgen für dichten Anschluss der Platten.

Die auf Maß zugeschnittenen Platten werden an ihren Stirnseiten mit Kantenverschlussband abgeklebt und anschließend mit Alu-U-Profilen versehen. Dann legen Sie die Seitenkanten der Platten samt Distanzclips auf das angetackerte Auflagegummi und fixieren die Platten durch Anschrauben der Profiloberteile.

Ziehen Sie die Dichtlippen ins Alu-Profil ein (li.).
Dann tackern Sie das Auflagegummi auf die Unterkonstruktion (re.)

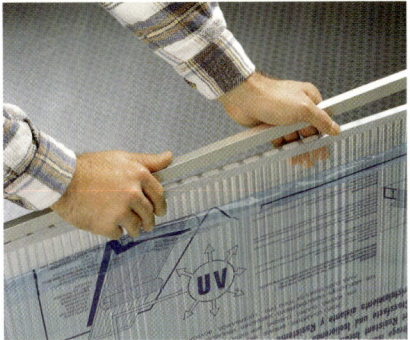

Die Stirnseiten der Platten erst abkleben und dann mit U-Profilen verschließen (li.). Anschließend legen Sie die Platten samt Distanzclip auf die Unterkonstruktion (re.)

Verschrauben Sie nun die vorgebohrten Profiloberteile mit der Unterkonstruktion, um die Platten zu fixieren

An der Unter-
kante schrau-
ben Sie das Ab-
schlussprofil an

Befestigung der Platten mit dem Alu-Thermoprofilsystem

Das Thermoprofilsystem vermeidet Kältebrücken an den Plattenstößen. Seine Verarbeitung gleicht in weiten Teilen der des Distanzprofilsystems. Der wichtigste Unterschied besteht darin, dass zunächst ein Profilunterteil auf der Holzunterkonstruktion verschraubt werden muss.

Alu-Profile und Distanzclips werden wiederum mit einer Metallsäge passend abgelängt. Dann bohren Sie das Profilunterteil in 30-cm-Abständen vor. Ziehen Sie die mitgelieferten Dichtlippen ins Profil ein und verschrauben es dann auf der Unterkonstruktion. Dazu sollten Sie das Profil mit Schraubzwingen in seiner korrekten Position fixieren, damit es nicht verrutscht.

Beim Randprofil
wird statt der
zweiten Platte
ein zusätzlicher
Distanzclip auf-
gelegt

Im nächsten Schritt drücken Sie den Distanzclip in den Mittelsteg des Profils, bis er hörbar einrastet. Nun widmen Sie sich dem Vorbereiten der Platten. Ihre Stirnseiten werden mit Kantenverschlussband abgeklebt, damit kein Schmutz in die Hohlkammern eindringen kann. Anschließend schieben Sie die zu den Platten passenden U-Profile auf die Stirnkanten.

Zuletzt decken
Sie die Profile
mit Zierklemm-
deckeln ab

Legen Sie nun die Platten so auf die Profilunterteile, dass die Längskanten einen gleichmäßigen Ab-

Hofüberda-
chung mit Steg-
platten und
Alu-Distanzpro-
filsystem. Die
Platten sind
schlagzäh und
halten selbst
starken Hagel-
schlag aus

Profile und Distanzclips werden passend abgelängt. Dann bohren Sie die Befestigungslöcher des Unterteils in 30-cm-Abständen vor.
Die zum Profil gehörenden Dichtlippen werden eingelegt. Nun fixiert man das Unterteil mit Zwingen auf dem Dachbalken und schraubt es an

Setzen Sie nun den Distanzclip in den Mittelsteg des Profils (li.).
Die Plattenstirnseiten werden abgeklebt und mit U-Profilen versehen (re.)

Beim Auflegen der Platten müssen 5 mm Abstand zum Mittelsteg eingehalten werden (li.).
Dann das Oberteil auflegen und die Schraublöcher vorbohren (re.)

Durch Profiloberteil, Distanzclip und Unterteil werden die Befestigungsschrauben nun bis ins Holz der Unterkonstruktion gedreht

Verschrauben oder vernieten Sie dann die Abschlusswinkel

Hier das Thermo-Randprofil, bei dem auf der rechten Seite statt einer Stegplatte ein weiterer Distanzclip eingelegt wurde. Zum System passende Zierklemmdeckel lassen sich auf die Profile drücken und verdecken dann die Verschraubung

stand von etwa 5 mm zum Mittelsteg aufweisen. Dieser Abstand ist erforderlich, um Ausdehnungen des Plattenmaterials bei Erwärmung auszugleichen.

Danach legt man das Profiloberteil auf und bohrt in Abständen von 30 cm durch das gesamte Profil bis ins Holz der Unterkonstruktion. Durch diese Bohrungen lässt sich das Profil dann sicher verschrauben. Verwenden Sie unbedingt die Original-Befestigungsschrauben, deren Länge auf Profil- und Plattenstärke abgestimmt ist.

Wie beim Distanzprofil folgt nun die Befestigung der Abschlusswinkel. Auch die Ausbildung von Randprofilen gleicht dem bereits

bekannten System. Statt der zweiten Platte wird an dem nach außen weisenden Rand einfach ein weiterer Distanzclip eingelegt.

Um wasserdichte Wandanschlüsse herzustellen, verwenden Sie das als Systemzubehör erhältliche Wandanschlussprofil. Mit einer weichen Dichtlippe stellt es einen regendichten Anschluss her. Zum Schluss decken Sie die Befestigungsprofile durch passende Zierklemmdeckel ab.

Um auf einer Dachkonstruktion aus Hohlkammer- oder Doppelstegplatten arbeiten zu können, müssen Sie eine gewichtsverteilende Laufbohle benutzen, die mit Schaumstoff abgepolstert ist.

Auch Gewächshäuser kann man mit den Platten bauen

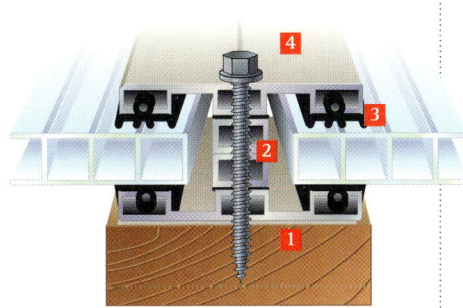

Das Mittelprofil im Schnitt:
1. Universal-Oberteil/Unterteil;
2. Distanzclip;
3. Dichtlippe;
4. Universal-Oberteil/Unterteil

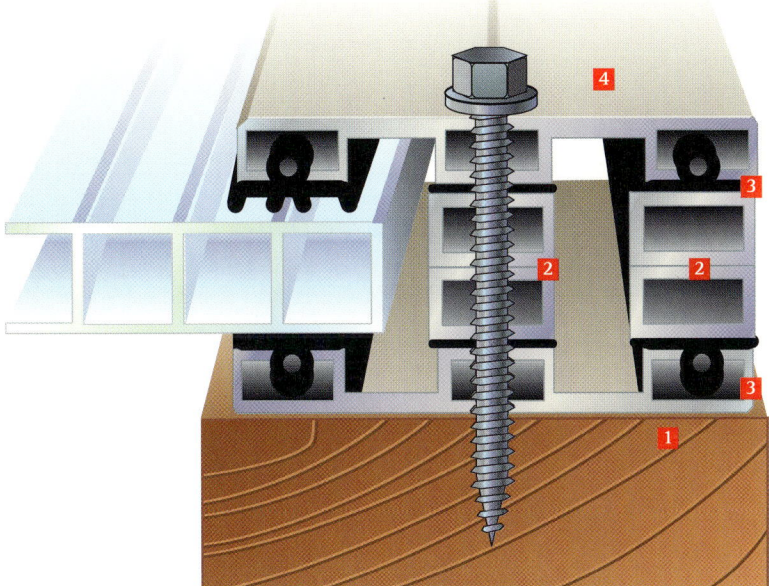

Das Randprofil im Schnitt:
1. Universal-Oberteil/Unterteil;
2. Distanzclip;
3. Dichtlippe;
4. Universal-Oberteil/Unterteil.
Ein zweiter Distanzclip ersetzt hier auf einer Seite die Platte

Wintergarten-Bausätze für die Selbstmontage

Kesseldruckimprägnierung verleiht den Bauteilen einen hervorragenden Witterungsschutz. Wie die Zeichnung rechts verdeutlicht, dringt die Imprägnierung tief ins empfindliche Kopfholz ein

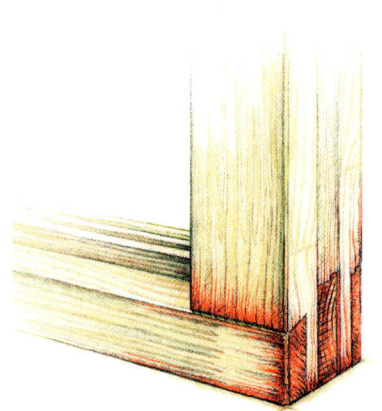

Ein hochwertiger Wintergarten, an dem man über Jahrzehnte seine Freude haben kann, besteht zwangsläufig auch aus hochwertigen Baumaterialien und muss bis ins kleinste Detail fachgerecht geplant und konstruiert sein. Der Eigenleistung sind hier deutliche Grenzen gesetzt.

Wer beim Bau eines Wintergartens durch Eigenleistung Geld sparen will, sollte also nicht unbedingt alles selber machen wollen. Renommierte Hersteller bieten heute Wintergarten-Bausätze an, die nach einem Rasterprinzip an die meisten Gegebenheiten angepasst werden können. Auch bei Form und Farbe hat der Selbstbauer eine große Auswahl.

Der Vorteil beim Bausatz vom professionellen Anbieter: Der Do-it-yourselfer befindet sich in jeder Beziehung auf der sicheren Seite. Er kann sich darauf verlassen, dass Statik und Konstruktion stimmen, dass alle Teile exakt zueinander passen und dass er auf den fertigen Wintergarten auch eine Garantie bekommt.

Die meisten Wintergarten-Bausätze bestehen aus Holzkonstruktionen. Holz lässt sich halt am leichtesten verarbeiten. Beim hier gezeigten System von Werth-Holz hat der Bauherr nicht nur die Wahl zwischen einer Vielzahl von Formen und Varianten, er kann seinen Wintergarten auch Schritt für Schritt erweitern. Beginnend mit einer Pergola oder einer Terrassenüberdachung, kann er in weiteren Bauphasen die Rundum-Verglasung Zug um Zug ergänzen.

Dabei lässt sich die Montage komplett in Eigenleistung erbringen. Für handwerklich nicht so versierte Kunden bietet der Hersteller aber auch die Betreuung durch einen erfahrenen Richtmeister, der beim Aufbau tatkräftig mithilft.

Schließlich wird obendrein auch der schlüsselfertige Komplettaufbau angeboten. In diesem Fall kann sich der Bauherr auf das Vorbereiten der Fundamente, das Erstellen des Bodens und sonstige Restarbeiten beschränken.

Und so läuft die Montage ab

Wie unsere Arbeitsfotos zeigen, geht der Aufbau eines Selbstbau-Wintergartens dank passgenau vorgefertigter Einzelteile und einer detaillierten Anleitung zügig vonstatten. Für die komplette Montage brauchen der Bauherr, ein zusätzlicher Helfer und der Richtmeister

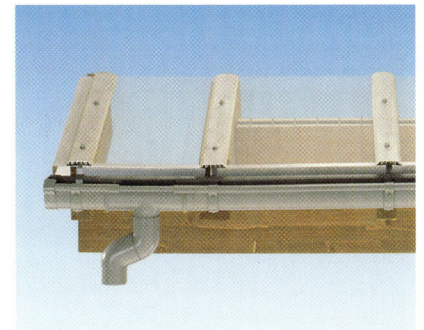

Dach aus Doppelstegplatten. An der Traufseite ist eine Kunststoffdachrinne montiert

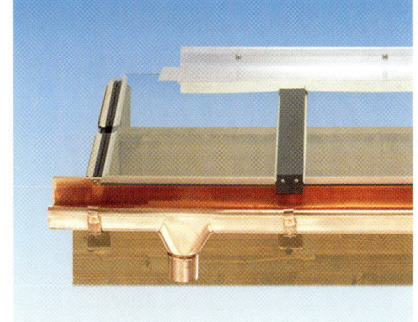

Dach aus Isolier-Verbund-Sicherheitsglas mit Kupferregenrinne

Schnitt durch den Sockel mit einem Anschlussblech, das die Schwelle vor Feuchtigkeit schützt

Eine tragfähige Terrasse oder ein Betonfundament ist ein geeigneter Unterbau für den zu errichtenden Wintergarten

Die Schwellenbalken werden auf dem Terrassenboden ausgewinkelt und waagerecht ausgerichtet

Die Wandanschlussbalken muss man lotrecht ausrichten und dann an die Hauswand dübeln

des Herstellers nicht länger als maximal drei Tage.

Ist, wie beim hier vorgestellten Aufbau, eine tragfähige Terrasse vorhanden, werden im ersten Arbeitsschritt die Schwellenhölzer ausgelegt, im rechten Winkel miteinander verbunden und dann waagerecht ausnivelliert. Es folgt die Montage der Wandanschlusspfosten.

Dann stellt man auch die weiteren Pfosten auf, richtet sie aus, verbindet sie mit der Schwelle und legt die Pfettenbalken auf. Nun geht es an die Montage der Sparren und der Füllstücke auf den Pfetten, die dafür sorgen, dass alle Holzteile des Daches eine Ebene bilden, auf der die Verglasung montiert werden kann.

Mit Hilfe spezieller Befestigungsprofile werden entweder Doppelstegplatten oder Elemente aus Sicherheitsisolierglas regendicht auf den Sparren montiert.

Zuletzt setzt man die Fenster und Türelemente ein. Hier sind alle üblichen Lösungen möglich. Es gibt Dreh-Kipp-Fenster und Dreh-Kipp-Fenstertüren, aber auch Schiebetüren in verschiedenen Rasterabmessungen.

Selbstverständlich gehören auch die erforderlichen Teile zur Belüftung des Wintergartens zum Lieferprogramm. Dies sind an erster Stelle Dachfenster sowie Lüftungsgitter am Fußpunkt der senkrechten Verglasung.

Hier sind die Wandflächen des Wintergartens bereits teilweise fertig gestellt (li.). Nun folgt die Montage der oberen Querbalken (re.)

Sparren und Füllstücke bilden die Auflagefläche für die Verglasung (li.). Zum Auflegen der relativ schweren Dachgläser sind drei Personen erforderlich (re.)

So präsentiert sich der fertige Wintergarten. Nicht mehr als drei Tage sind für die Komplettmontage notwendig

Der Wintergarten-Aufbau Schritt für Schritt

Damit Sie den Arbeitsaufwand bei der Selbstmontage eines Wintergartens aus Holz genau einschätzen können, zeigen wir hier den Aufbau eines Bausatzes des Systems „mb-Star 3" in allen wichtigen Details.

Zum Lieferumfang gehören alle Schrauben und Beschläge, um die Elemente miteinander zu verbinden. Wegen unterschiedlicher baulicher Gegebenheiten müssen die Dübel und Schrauben für die Wand- und Bodenbefestigung vom Bauherren besorgt werden.

An Werkzeug benötigen Sie: Hammer, Schraubendreher, Handsäge, Schlagbohrmaschine, verschiedene Bohrer, Schraubenschlüssel oder besser Knarrenkasten, Handspritze für Dichtungsmasse und eine Schlauchwaage

Die Holzteile des Wintergartenbausatzes werden bereits im Werk fertig oberflächenbehandelt

bzw. einen langen Richtscheit mit Wasserwaage.

Soweit die Bauteile aus Holz noch nicht oberflächenbehandelt sind, werden sie vor der Montage einmal lasiert oder lackiert, damit die später verdeckten Flächen über einen schützenden Anstrich verfügen. Die endgültige Oberflächenbehandlung wird dann nach erfolgter Montage vorgenommen.

Voraussetzung für eine standsichere Montage ist das Vorhandensein einer tragfähigen Terrassenplatte oder eines Streifenfundaments.

Das Einmessen des Wintergartens

Die genaue Festlegung der Position des hier gezeigten Pultdachwintergartens erfolgt durch Auslegen der Wand- und Traufpfetten auf dem Boden der vorhandenen Terrasse.

Durch Messen der Diagonalen stellen Sie fest, ob die Teile im rechten Winkel zueinander liegen. Die Positionen sind dann korrekt, wenn beide Diagonalen exakt gleich lang sind. Ist dies der Fall, zeichnen Sie den Verlauf der Traufpfette sowie der Seitenteile mit Kreide auf dem Boden an.

Bevor Sie nun mit der Montage der Wandanschlusspfosten beginnen, müssen Sie zunächst die

Hier wird der Wintergarten auf den Rohboden der Terrasse montiert. Der Bodenaufbau erfolgt nach der Montage

Man legt die Pfetten und Seitensparren auf den Boden, um so die genaue Position des Wintergartens festzulegen

Ausgehend von der Höhe des fertigen Fußbodens wird neben den Wandpfosten jeweils ein Meterriss an der Hauswand markiert. Die Pfosten bekommen 1 m über ihrer Unterkante ebenfalls eine Markierung. Liegen beide Markierungen auf einer Höhe, werden die Pfosten angedübelt

Die beiden Wandanschluss-pfosten sowie die darüber liegende Wand-pfette sind an die Hauswand gedübelt

Die Zeichnung unten zeigt, wie die Höhen an den Wandpfosten bzw. den Stahlstützen korrekt angerissen werden

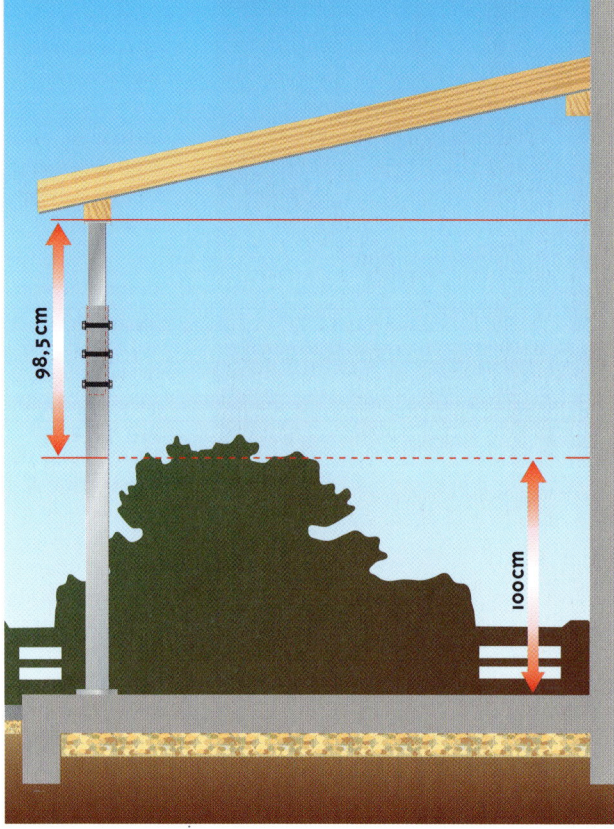

98,5 cm

100 cm

Höhe der Konstruktion festlegen. Falls der Bodenaufbau noch nicht fertig gestellt ist, ermitteln Sie die Höhe des Fertigbodens – idealerweise entspricht sie der Höhe des Bodens im direkt angrenzenden Wohnraum.

Soll der vorhandene Terrassenboden erhalten bleiben, ermitteln Sie mit Hilfe von Richtscheit und Wasserwaage dessen höchsten Punkt. Von diesem Punkt oder vom Boden im angrenzenden Wohnraum aus wird dann mit der Schlauchwaage ein Meterriss – das ist eine Markierung in 1 m Höhe über dem Ausgangspunkt – neben den Positionen der beiden Wandanschlusspfosten an der Hauswand markiert.

An den beiden Pfosten wiederum machen Sie eine Markierung 1m über der Unterkante. Nun stel-

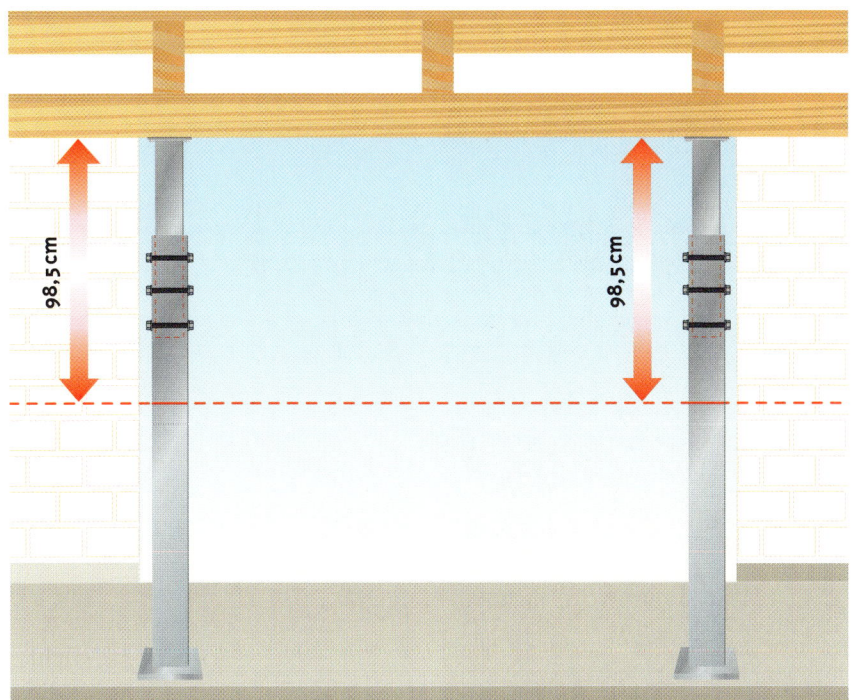

98,5 cm

98,5 cm

Die vordere Traufpfette ruht auf zwei höhenverstellbaren Stahlstützen. Beim Ausrichten der Konstruktion muss die Traufpfette genau 98,5 cm über dem Meterriss liegen

len Sie die Wandpfosten auf, richten sie seitlich aus und bringen die Meterrisse und die Markierungen an den Pfosten zur Deckung. In dieser Position dübeln Sie die Pfosten mit langen Dübeln zur Durchsteckmontage an die Hauswand. Steht die Wand nicht exakt senkrecht, müssen die Pfosten mit Holzkeilen hinterlegt werden.

Die montierten Wandanschlusspfosten bieten nun die Auflage für die quer darüber liegende Wandpfette. Dieser Balken wird aufgelegt und ebenfalls an die Hauswand gedübelt. Zuvor kontrollieren Sie, ob der Balken waagerecht liegt. Eventuell muss durch Unterfüttern ausgeglichen werden.

Links: Die provisorisch aufgestellte Frontkonstruktion

Unten: Die Draufsicht der Dachkonstruktion mit Sparren und Sparrenzwischenhölzern

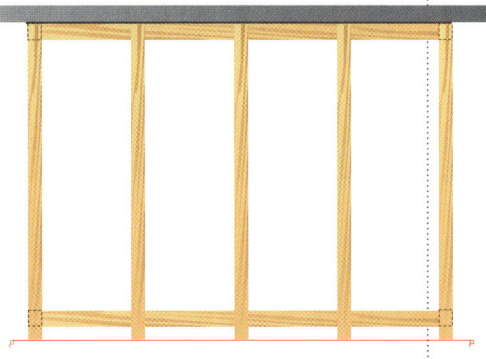

Zuerst werden die Seitensparren bündig mit den Pfetten aufgelegt (li.). Dann verschraubt man die Teile miteinander (re.)

 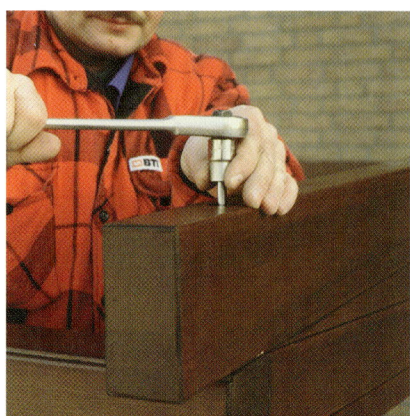

Nun legen Sie die Zwischenhölzer auf und bohren die Schraublöcher vor (li.). Dann werden alle Sparren und Zwischensparrenhölzer verschraubt (re.)

Die Dachkonstruktion ruht auf den beiden Stahlstützen. Später werden die Stützen durch Holzverkleidungen verdeckt sein

Das Aufstellen der Traufpfette

Die vordere Traufpfette ruht beim hier gezeigten System auf zwei höhenverstellbaren Stahlstützen, die später in der Holzkonstruktion der Wintergartenfront verborgen sind. Man stellt die mit der Traufpfette verbundenen Stahlstützen auf die beim Einmessen markierten Positionen und legt einen Sparren über Wand und Traufpfette, der mittels Schraubzwingen fixiert wird.

Nun richten Sie die Stahlstützen provisorisch aus und übertragen dann den Meterriss auf die beiden Stützen. Sie werden in ihrer Höhe so eingestellt, dass die Unterkante der Traufpfette genau 98,5 cm über dem Meterriss liegt. Ist die korrekte Höhe erreicht, arretiert man die Stützen durch Eindrehen von je drei Schrauben.

Die Sparren werden aufgelegt

Zuerst legen Sie die beiden Außensparren bündig mit den Enden der Pfetten auf und verschrauben sie. Dann legen Sie auch alle Zwischensparren auf. Die korrekten Abstände zueinander ergeben sich, wenn man die Sparrenzwischenhölzer einfügt, die dafür sorgen, dass Sparren und Pfetten eine

90 Grad

Nach der Sparrenmontage wird die Konstruktion auf Rechtwinkligkeit überprüft und eventuell korrigiert

Überprüfen Sie alle Winkel der Konstruktion noch einmal

Erst wenn alle Winkel stimmen und die Stützen exakt senkrecht stehen, werden deren Fußplatten angedübelt

Die Verbindungsfeder für das erste Fensterelement wird an den Wandpfosten geschraubt

Durch Unterkeilen drückt man das Fensterelement fest unter den Seitensparren und verschraubt es dann mit dem Wandanschlusspfosten

Unten: Die erste Seitenwand des Wintergartens ist zusammengefügt

durchgehende Auflagefläche für die spätere Verglasung bieten.

Sind Sparren und Sparrenzwischenhölzer verschraubt, wird die gesamte Konstruktion noch einmal auf Rechtwinkligkeit überprüft. Die Stahlstützen müssen senkrecht stehen und die Traufpfette muss waagerecht liegen. Ist dies der Fall, dübeln Sie die Fußplatten der Stützen am Boden an.

Dacheindeckung und Montage der Wände

Die hier gewählte Eindeckung mit Doppelstegplatten haben wir bereits auf den Seiten 54-58 ausführlich gezeigt.

Die Wände des Wintergartens bestehen aus großformatigen Fensterelementen, die man – beginnend an den Wandanschlusspfosten – ansetzt und miteinander verschraubt. Da der „mb-Star 3"-Wintergarten keine durchgehende Schwelle besitzt, liegen die Fensterelemente direkt auf dem Boden auf. Der für die Montage erforderliche Zwischenraum von 0,5 cm wird später mit Silikon ausgespritzt. Erfolgt der endgültige Bodenaufbau nach der Montage, stellt man die Elemente auf Steine oder Klötze und unterkeilt sie.

Zwischen den Elementen werden Verbindungsfedern eingesetzt. Die Verschraubungen werden schräg neben der Verglasung vorgebohrt.

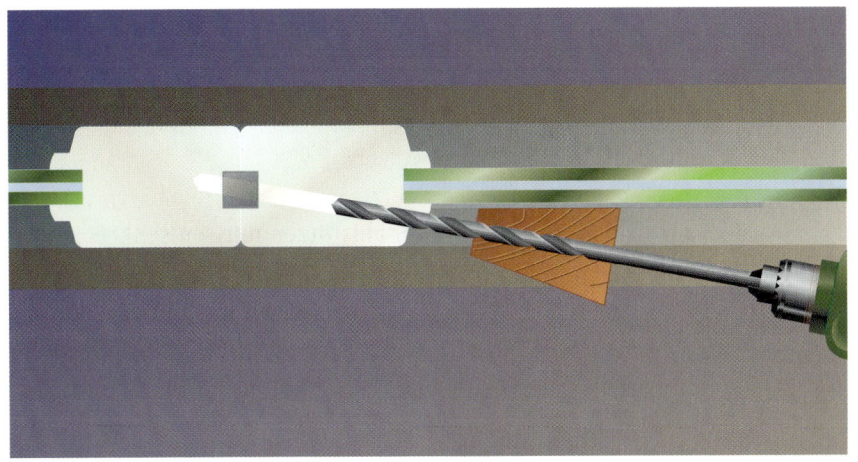

Die Schnitt-
zeichnung
zeigt, wie zwei
Fensterelemente
miteinander
verschraubt
werden. Man
legt die Verbin-
dungsfeder ein,
bohrt das
Schraubloch vor
und dreht dann
eine Schraube
schräg ins Rah-
menprofil

Eine mitgelieferte Bohrschablone hilft dabei, diese Bohrungen exakt anzusetzen.

Man montiert zuerst die Vergla-sungen der Seitenwände des Win-tergartens. Dann werden an die Seiten der Stahlstützen Federlei-sten geschraubt, auf die man die an die Seitenwände anschließen-den Frontelemente schiebt und anschließend von der Gegenseite durch die Stahlstützen hindurch verschraubt. Für die beiden Außenecken gibt es Eckpfosten, die ebenfalls mit Verbindungsfe-dern an die Fensterelemente ange-fügt werden.

Nun fehlt noch die Tür, die zwi-schen den beiden Stahlstützen ein-gebaut wird. Man stellt den Blend-rahmen der Tür zwischen die Stüt-zen und schraubt durch das Holz des Rahmens ins Metall. Innen und außen werden zuletzt Decklei-sten auf die Stützen geschraubt, um diese zu verbergen.

Die an die Stahl-
stützen an-
schließenden
Elemente werden
durch die Stüt-
zen verschraubt

Für die Außen-
ecken gibt es
spezielle Eck-
pfosten, die mit
Verbindungs-
federn an die
beiden Fenster-
elemente an-
geschlossen
werden

Einen Wintergarten aus Alu-Profilen aufbauen

Die meisten vom Profi aufgebauten Wintergärten besitzen eine Tragkonstruktion aus wärmegedämmten Aluminium-Profilen. Alu-Profile zeichnen sich durch Dauerhaftigkeit und hohe Tragkraft bei geringen Querschnitten aus. Allerdings stellt ihre Verarbeitung den Do-it-yourselfer in der Regel vor nicht zu überwindende Probleme.

Anders beim Wintergarten-System „Plantarium" von Beckmann. Dieser Hersteller vertreibt seit Jahrzehnten ein breites Programm von Gewächshäusern für den Selbstaufbau. Besonders hochwertige Anlehngewächshäuser sind schon immer auch als Wintergärten genutzt worden. Und mit dem hier gezeigten Wintergarten-System hat man nun ein Produkt ent-

Der Pultdachwintergarten besitzt eine Dacheindeckung aus Stegdoppelplatten und senkrechte Verglasungen aus Isolierglas

wickelt, das höchste Qualität bei den Profilen und den Verglasungen mit Heimwerkerfreundlichkeit verbindet.

Profile mit guter Wärmedämmung

Auf die Alu-Profile gibt der Hersteller 20 Jahre Garantie. Alle Profile sind thermisch getrennt. Das hält die Heizkosten niedrig. Die Verschraubungen der Profile bestehen aus Edelstahl und werden überwiegend unsichtbar vorgenommen.

Die Standard-Verglasung besteht aus Stegdoppelplatten. Auf Wunsch werden die senkrechten Scheiben auch aus Isolierglas geliefert. Das Rastersystem erlaubt zwölf verschiedene Größen mit Grundflächen von 319 x 262 cm bis 621 x 363 cm.

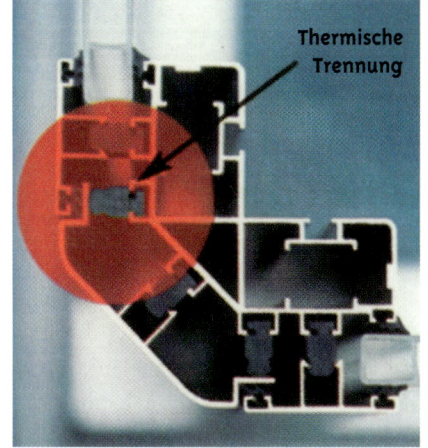

Schnitt durch das Alu-Profil der Wintergartenecke

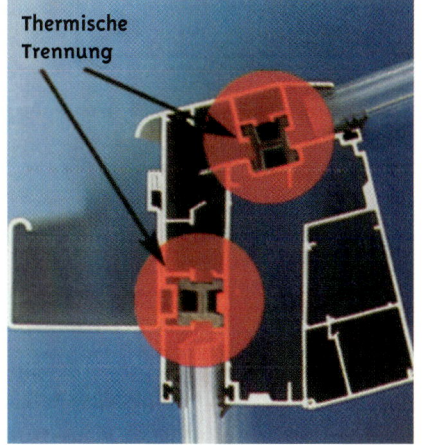

Schnitt durch das Traufprofil mit vorgehängter Dachrinne

Die Verankerungswinkel bzw. -laschen des Alu-Fundaments werden in die vorbereiteten Löcher gesenkt und nach dem Ausrichten mit Beton vergossen

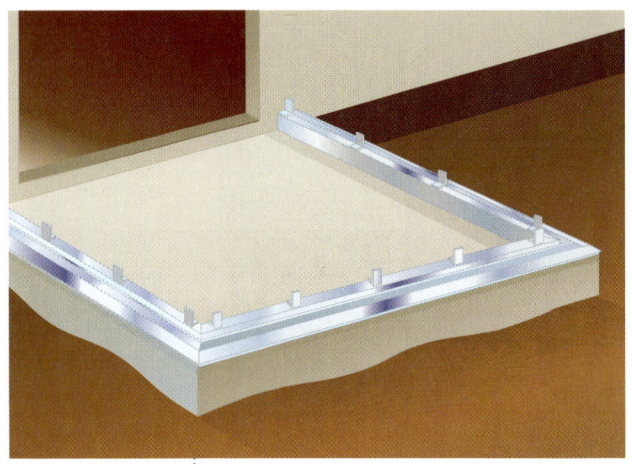

Vorbereitung des Fundamentes

Für den Aufbau des Wintergartens brauchen Sie ein frostfrei gegründetes Fundament (Streifenfundament oder Betonplatte). Alternativ können Sie ein zum Wintergarten passendes Alu-Fundament mitbestellen, das auf Punktfundamenten aus Beton ruht.

Man schraubt das 12 cm hohe Profil des Alu-Fundaments zusammen und befestigt die nach unten weisenden Verankerungswinkel- bzw. Verankerungslaschen (siehe Zeichnung Seite 73). Für die Verankerungen werden dann etwa 80 cm tiefe Löcher von 40 cm Durchmesser gegraben. Anschließend befestigt man das Alu-Fundament an der Hauswand, unterkeilt es und richtet es exakt aus. Ist dies geschehen, werden die Löcher der Punktfundamente mit Beton ausgegossen. Das Fundament steht.

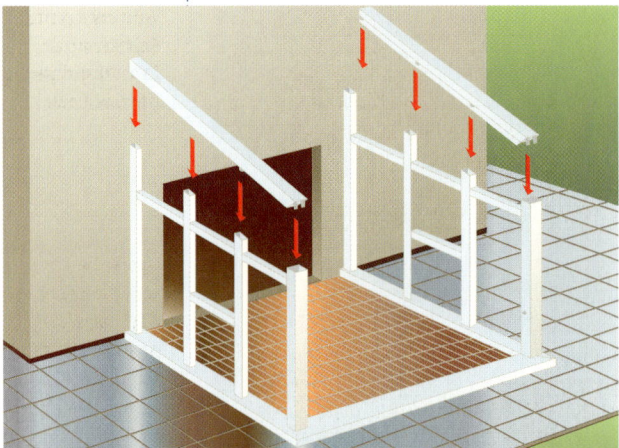

Die Montage des Basisprofils

Auf das Alu-Fundament bzw. das Streifenfundament oder die Betonplatte wird im nächsten Arbeitsschritt das Basisprofil montiert. Dieses Profil trägt den gesamten Wintergartenaufbau und muss daher exakt winkelig und waagerecht ausgerichtet werden.

Auf das Basisprofil schraubt man dann so genannte Sprossen-verbinder, mit deren Hilfe man die senkrechten Giebelsprossen befestigt. An diesen wiederum werden Sprossenverbinder zur Montage der Quersprossen verschraubt. Es folgt das Aufsetzen der Dachecken, der First- und Traufprofile sowie der Dachsparren (siehe Zeichnungen S. 74).

Je nach Wintergartentyp werden nun erst die Sprossen und dann die Rahmen der vorgesehenen Fenster und Türen eingesetzt. Zuletzt geht es an die Verglasung. Dabei beginnt man mit dem Dach und setzt anschließend die Scheiben der senkrechten Wände ein.

Eine große Dachrinne mit Ablaufrohr schafft die Möglichkeit, Regenwasser zu sammeln

Auf Wunsch können in die senkrechten Flächen des Wintergartens Seitenwand-fenster eingebaut werden

Unter dem schützenden Glasdach können sich Menschen und Pflanzen geborgen fühlen

Checkliste für den Selberbauer

Wenn Sie Ihren Wintergarten in Eigenregie und Eigenleistung errichten wollen, sollten Sie die zehn Punkte der folgenden Checkliste durchgehen.

1 Fragen Sie bei Ihrer zuständigen Baubehörde nach Bauvorschriften für Wintergärten.

2 Legen Sie einen Nutzungsplan an, der Auskunft über folgende Punkte gibt: Größe; Anschlüsse an Haupthaus, Nebengebäude, Garten; Standort.

3 Fertigen Sie eine maßstabsgerechte Konstruktionszeichnung an – eventuell ein Modell bauen.

4 Lassen Sie Statik und Fundament von einem zugelassenen Fachmann berechnen.

5 Bauantrag von einer vorlageberechtigten Person (Architekt oder Bauingenieur) erstellen und einreichen lassen.

6 Materialliste mit allen benötigten Bau- und Zubehörteilen für den Wintergarten aufstellen und Angebote von verschiedenen Händlern einholen.

7 Werkzeugliste aufstellen und noch fehlende Teile kaufen oder ausleihen.

8 Zeit- und Ablaufplan aufstellen. Bauen Sie dabei Puffer ein, die durch Verzögerungen im Ablauf entstehen können (Montageprobleme, fehlende Teile etc.).

9 Sichern Sie sich die Unterstützung von mindestens einem Helfer. Für die Montage von Glasdächern sind zwei oder drei Helfer erforderlich. Für die Helfer muss eine Versicherung abgeschlossen werden (Bauherrenhaftpflicht).

10 Bereiten Sie das Fundament vor. Vorhandene Terrassen auf ausreichende Tragfähigkeit prüfen.

11 Bestellen Sie die Materialien bzw. den ausgewählten Wintergarten-Bausatz.

12 Schaffen Sie für einen wettergeschützten Lagerplatz für die Materialien bzw. den Bausatz.

Register

Praktische Hilfe für Selbermacher

S eit 1988 bietet die DHA bundesweit Praxiskurse für Heimwerker zu allen Themen des Selbermachens an. Jeder Teilnehmer arbeitet dabei selbst an Übungsstücken und lernt dadurch, fachgerecht und sicher mit Material und Werkzeug umzugehen.

Kleine Übungsgruppen stellen sicher, dass man seinen persönlichen Neigungen entsprechend geschult wird. In jedem Seminar ist genügend Zeit vorhanden, um Fragen zu diskutieren und zu beantworten. Und bei zweitägigen Kursen kann man abends mit Gleichgesinnten nach Herzenslust fachsimpeln.

Nähere Infos bei:
Deutsche Heimwerker Akademie
Mollenbachstraße 33–35
71229 Leonberg

Das Kursprogramm finden Sie auch im Internet:
www.dha.de